The 레몬 소나티나

김다솜 편저

세광음악출판사

머리말

<The 레몬 톡 소나티나>는 바이엘 4권부터 시작할 수 있는 **쉽고 신나는 소나티나**입니다.

레몬처럼 상큼하고 톡톡 튀는 멜로디를 가진 소나티나들로 구성되어 있어

하나하나 곡을 연주할 때마다 음악의 세계가 얼마나 넓고 아름다운지를 알게 된답니다!

<The 레몬 톡 소나티나>의 특징

1 **처음 시작하는 소나티나!**

양손 유니즌으로 연주하는 쉬운 소나티나가 수록되어 있어요.

리듬과 악상을 잘 지키며 연주해 보세요.

2 독일, 이탈리아, 프랑스, 영국, 호주 등

다양한 나라의 작곡가들이 작곡한 신선한 곡들이 수록되어 있어요.

3 **연주회, 콩쿠르**에서 다양하게 활용해 보세요.

4 **스티커**를 활용해 표지와 내지를 자유롭게 꾸며 보세요.

<The 레몬 톡 소나티나>를 통해 각 곡이 가진 이야기들을 상상해 보고,

마음껏 표현하며 음악이 주는 기쁨을 만끽하기를 바랍니다.

음악을 사랑하는 여러분 모두가 즐겁고 행복한 연주 시간이 되기를 바라요!

저자 **김다솜**

차례

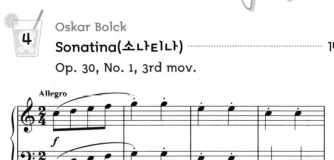

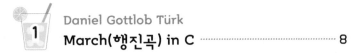

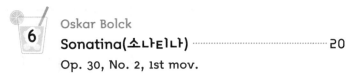
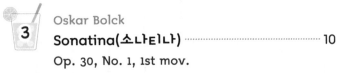

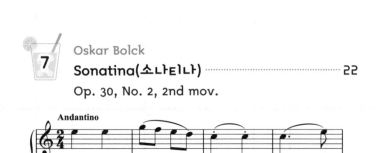

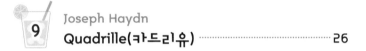

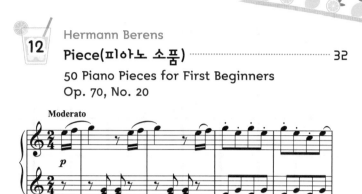

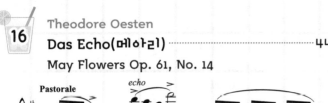

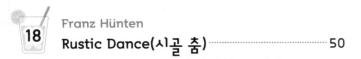

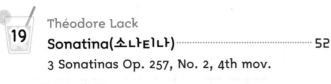

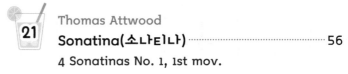

March(행진곡) in C

Daniel Gottlob Türk
투르크

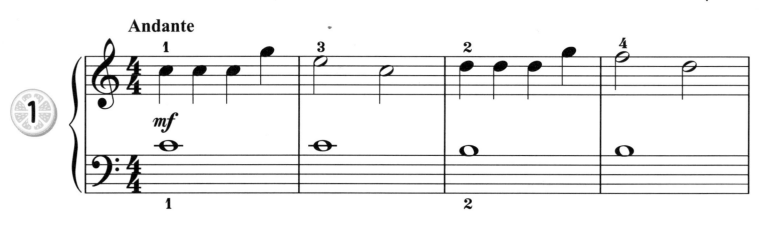

Child's Song(어린이 노래)

Op. 249, No. 17

Louis Köhler
쾰러

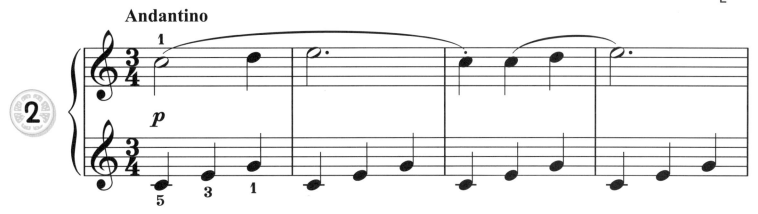

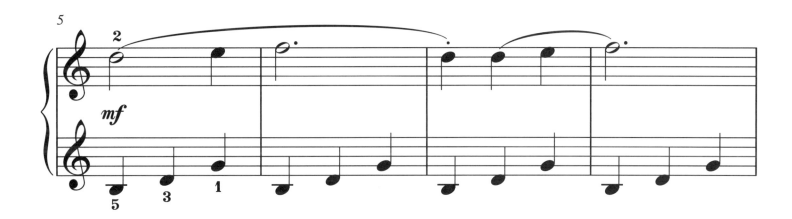

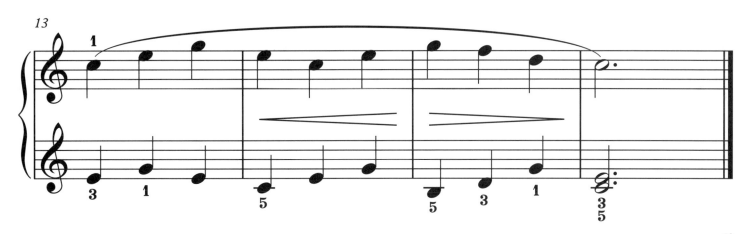

Sonatina (소나티나)

Op. 30, No. 1, 1st mov.

Oskar Bolck
볼크

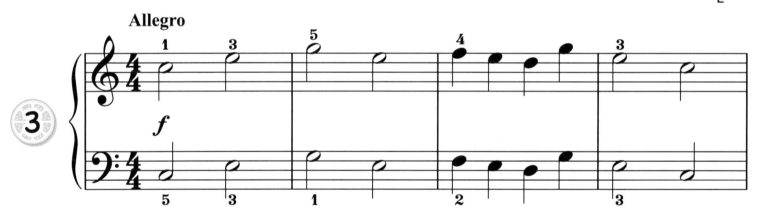

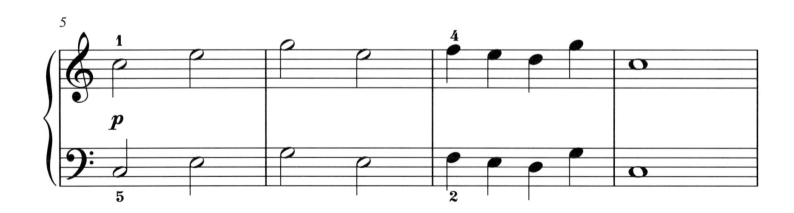

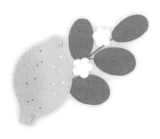

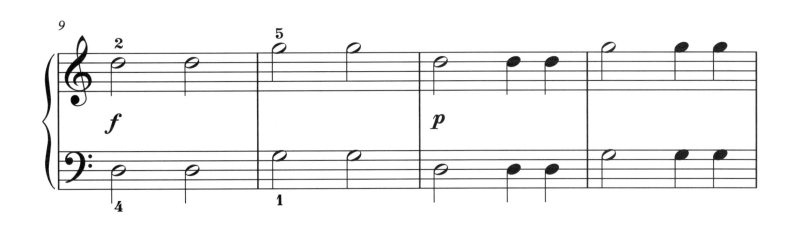

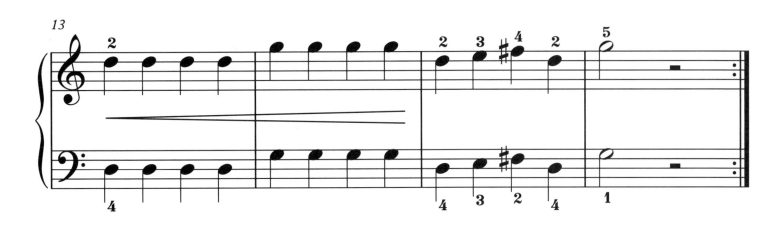

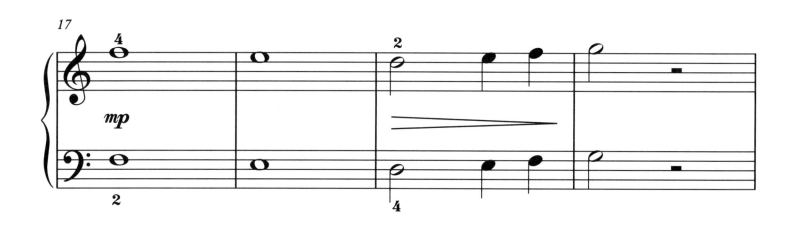

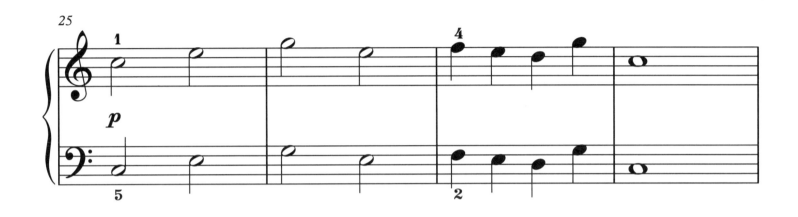

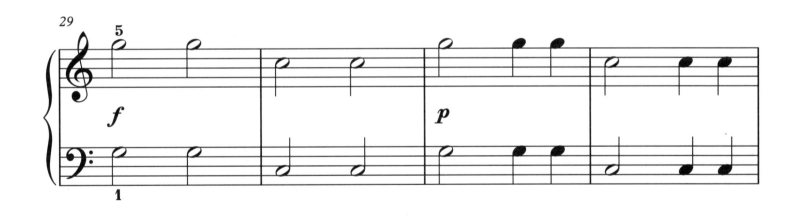

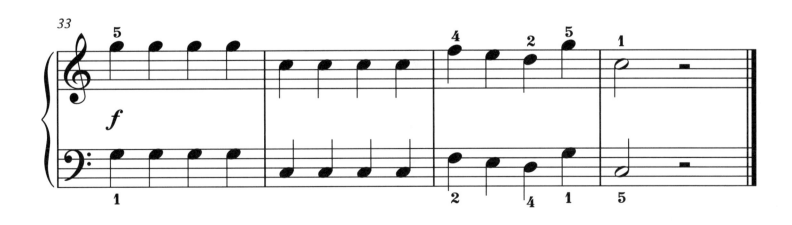

Sonatina(소나티나)

Op. 30, No. 1, 3rd mov.

Oskar Bolck
볼크

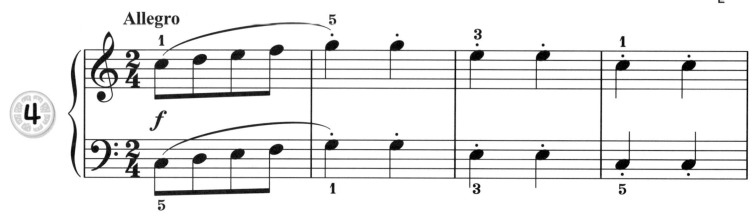

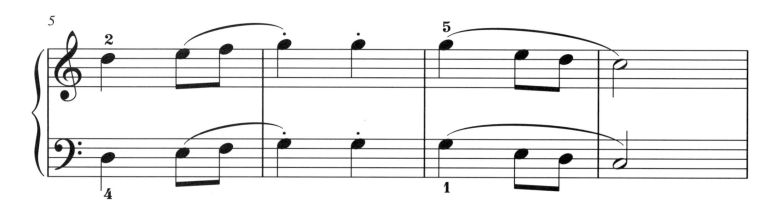

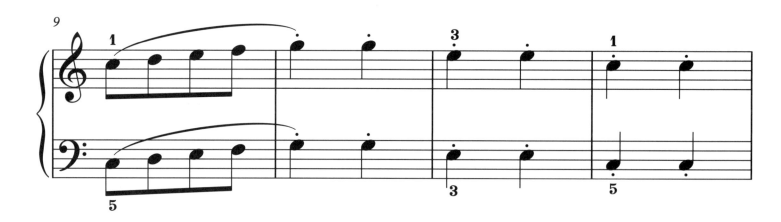

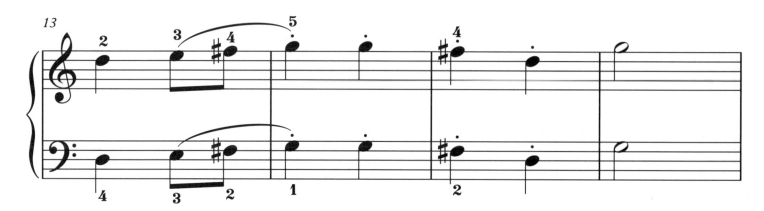

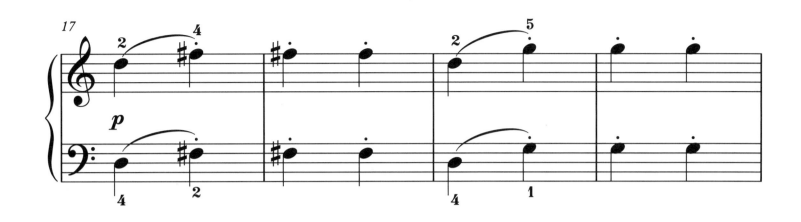

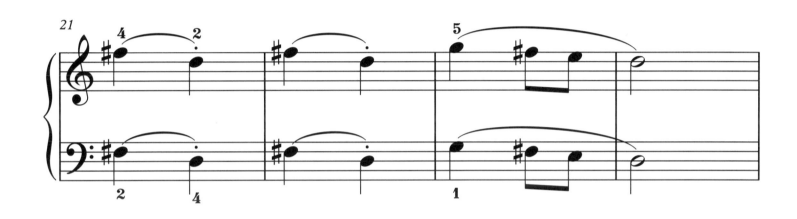

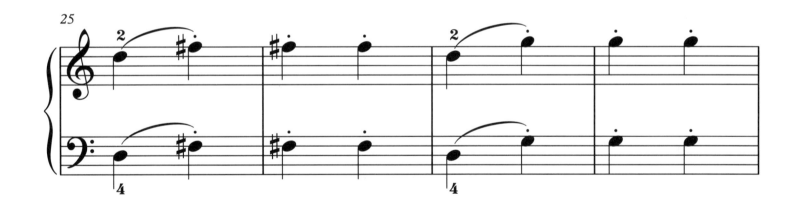

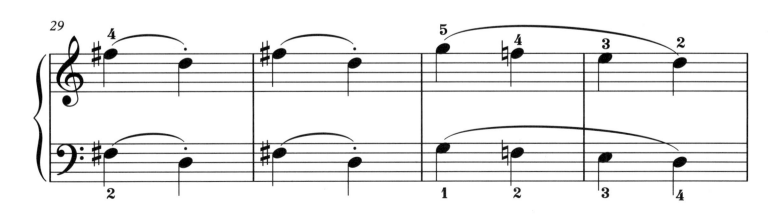

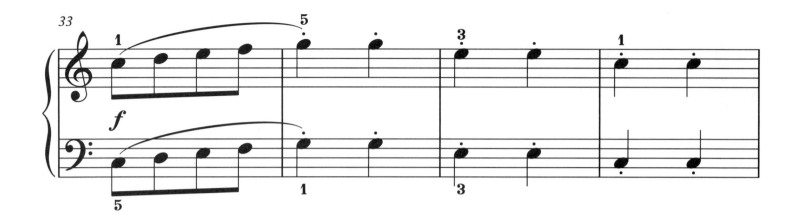

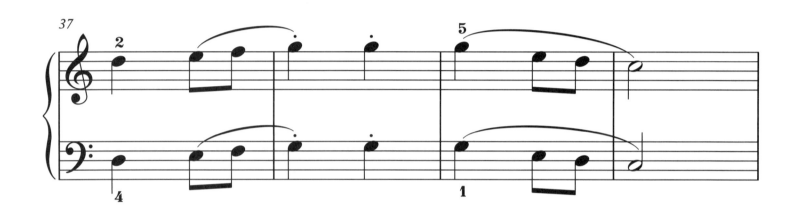

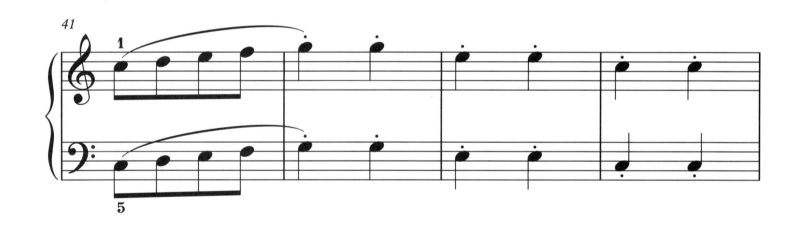

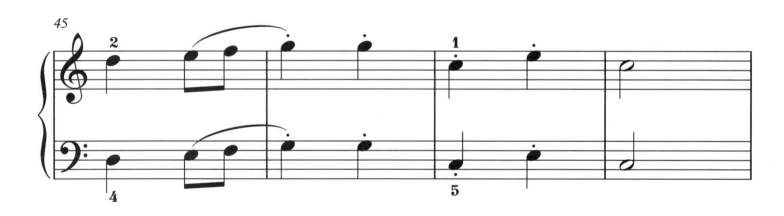

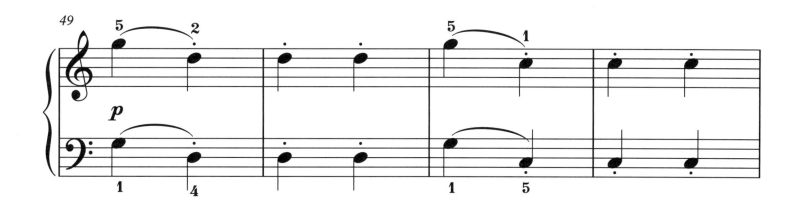

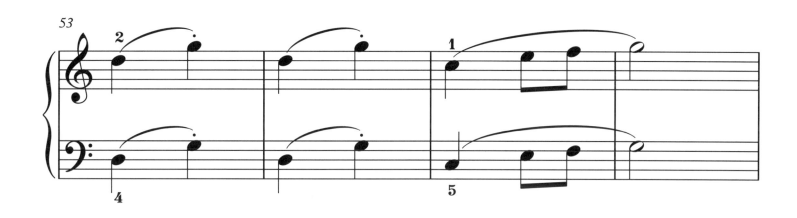

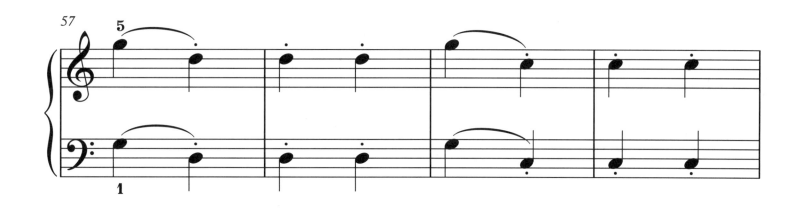

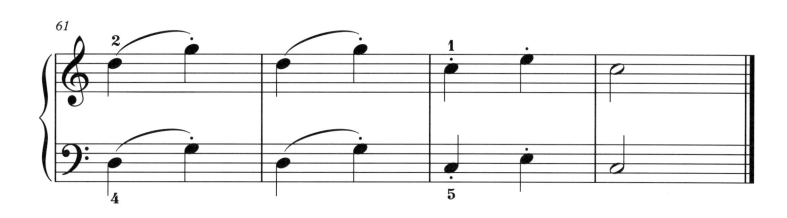

🦋 Old German Dance(옛날 독일 춤) 🦋

Michael Praetorius
프레토리우스

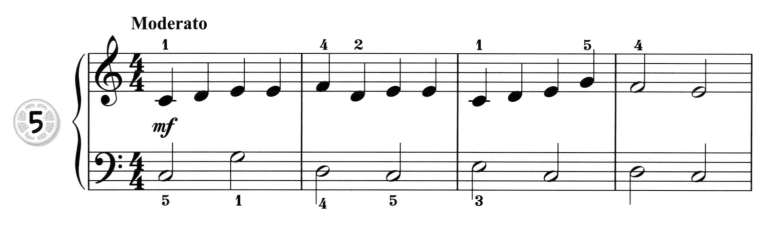

Sonatina(소나티나)

Op. 30, No. 2, 1st mov.

Oskar Bolck
볼크

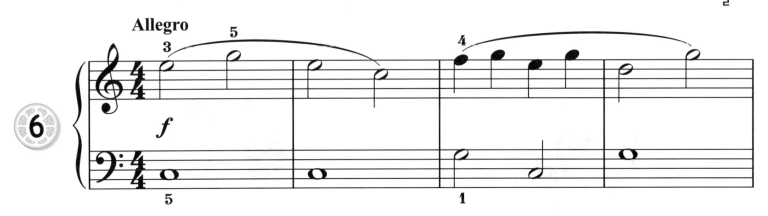

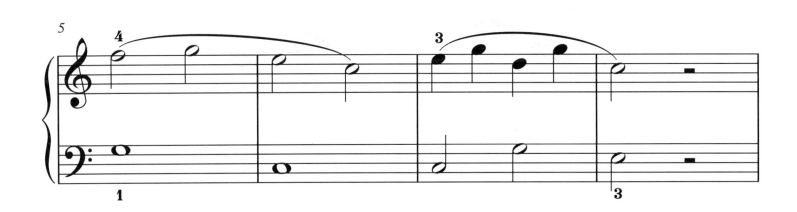

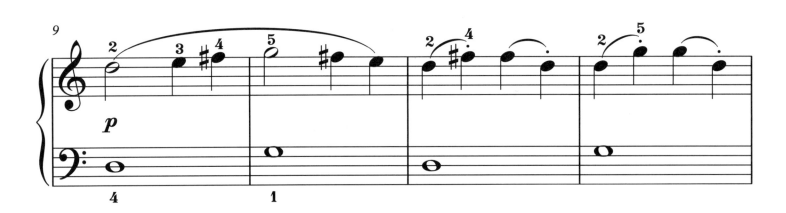

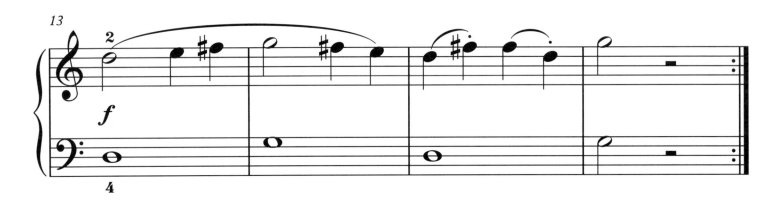

Sonatina(소나티나)

Op. 30, No. 2, 2nd mov.

Oskar Bolck
볼크

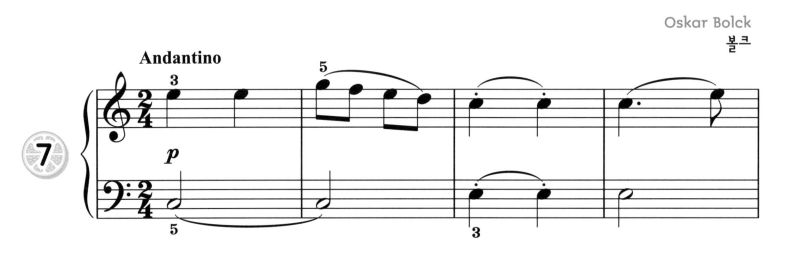

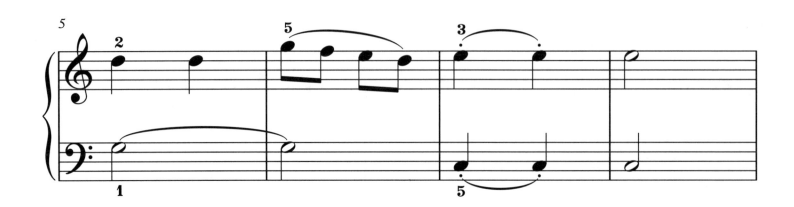

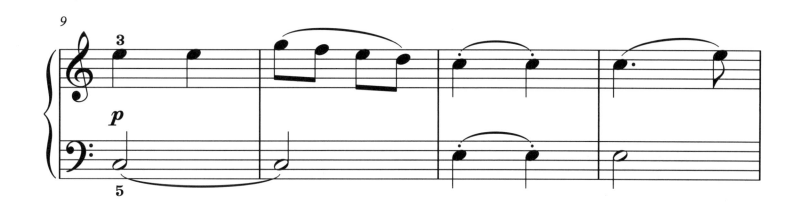

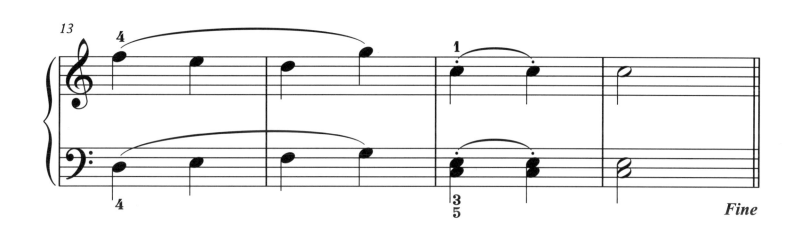

Fine

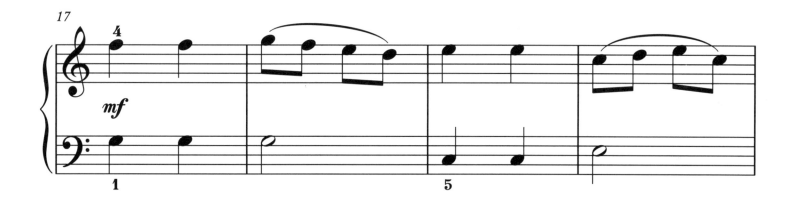

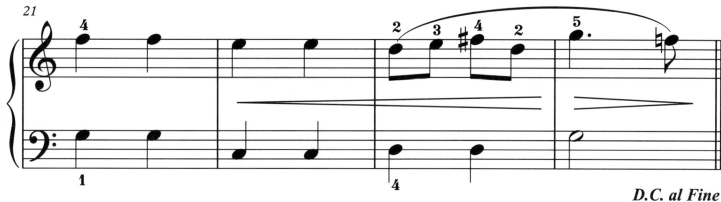

D.C. al Fine

Sonatina(소나티나)

Op. 30, No. 2, 3rd mov.

Oskar Bolck
볼크

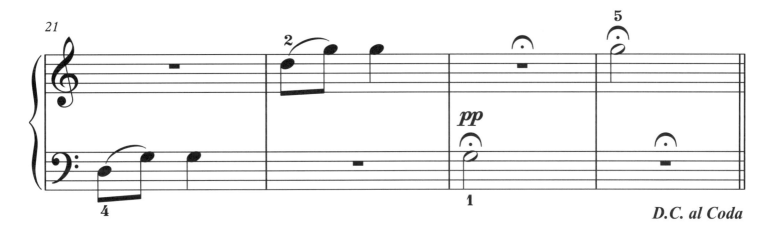

D.C. al Coda

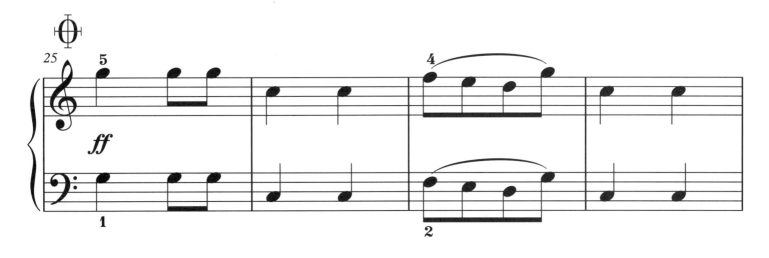

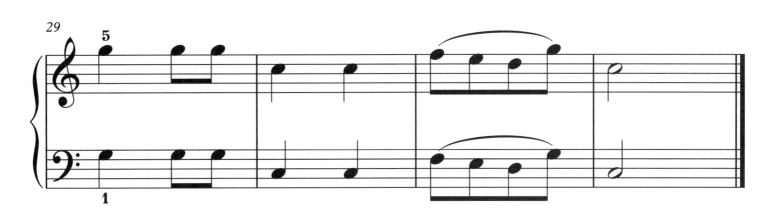

Quadrille(카드리유)

Joseph Haydn
하이든

26

Sonatina(소나티나)

Op. 30, No. 3, 1st mov.

Oskar Bolck
볼크

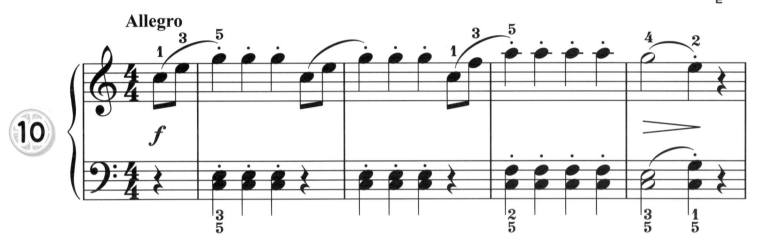

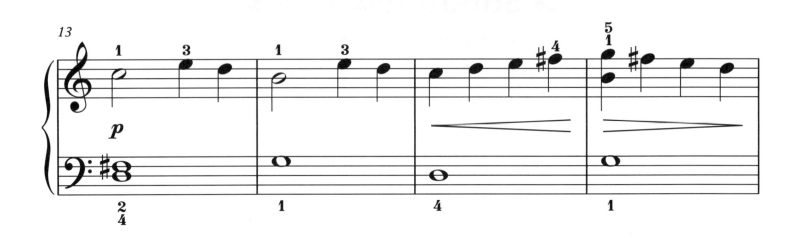

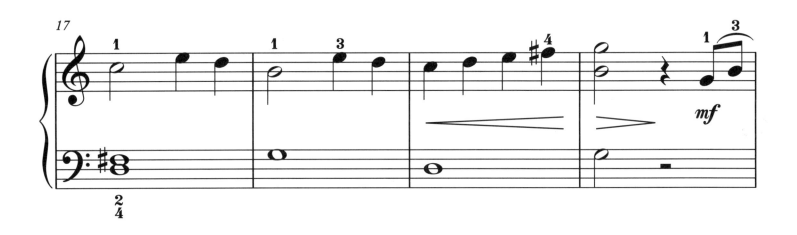

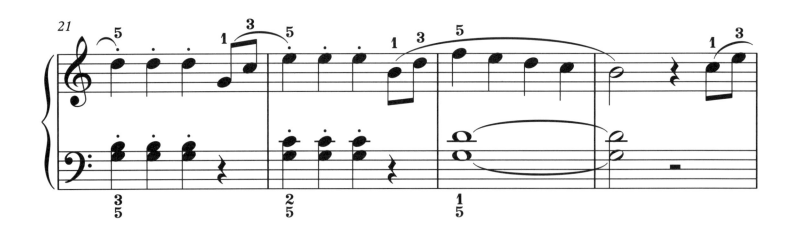

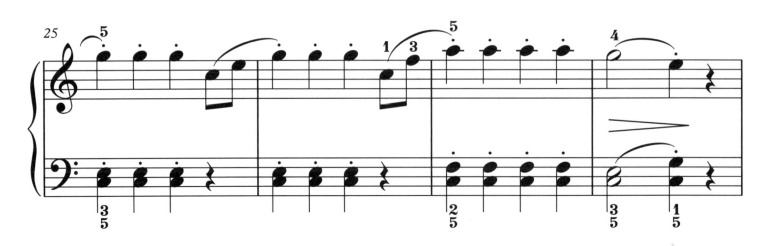

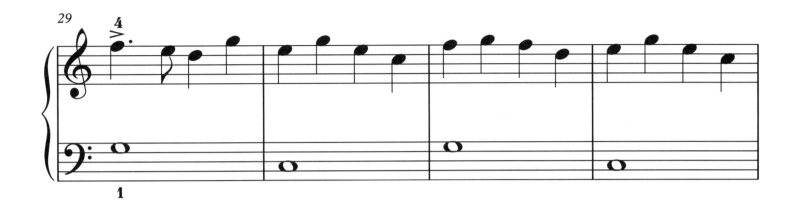

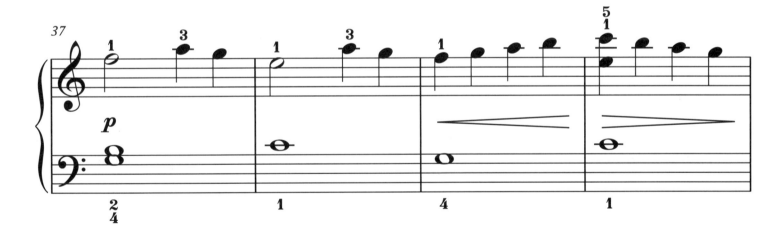

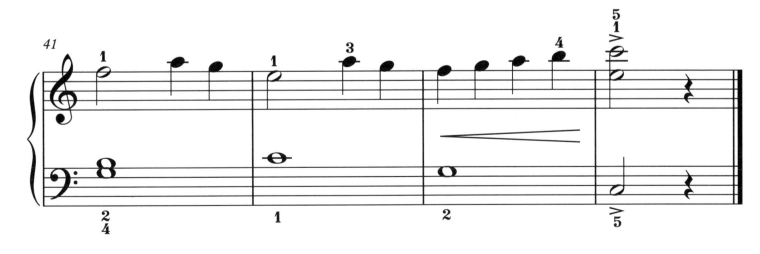

Andante(안단테)

The First Steps of the Young Pianist Op. 82, No. 35

Cornelius Gurlitt
구를리트

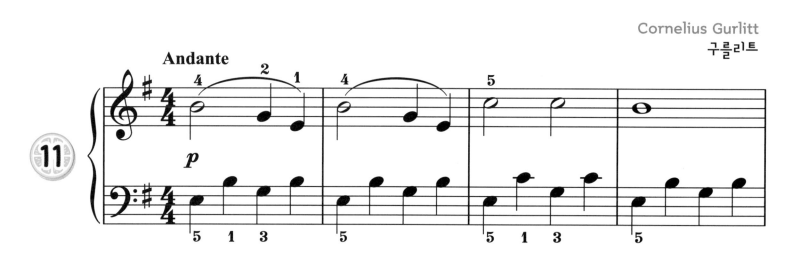

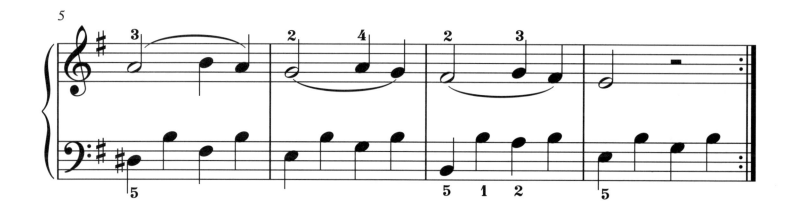

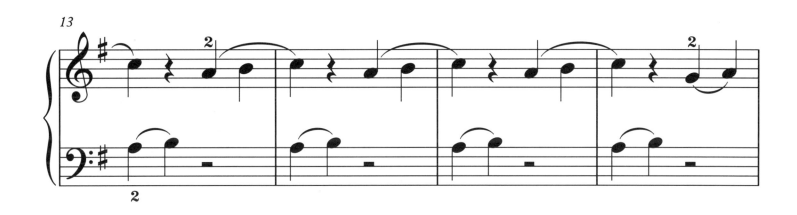

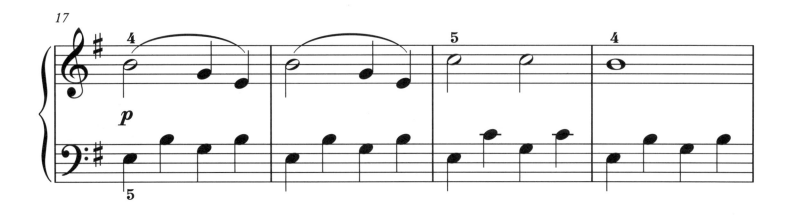

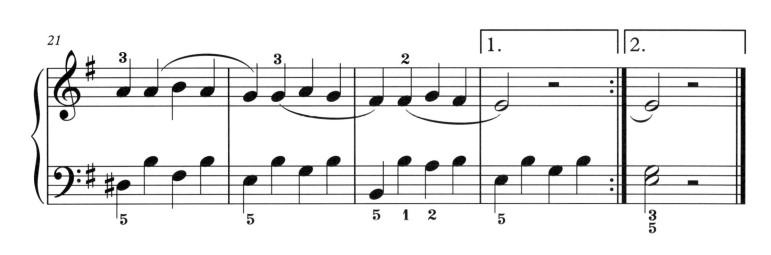

Piece(피아노 소품)

50 Piano Pieces for First Beginners Op. 70, No. 20

Hermann Berens
베렌스

Sonatina(소나티나)

Op. 30, No. 4, 1st mov.

Oskar Bolck
볼크

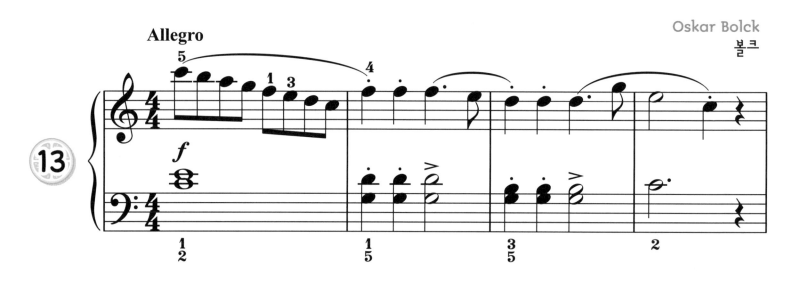

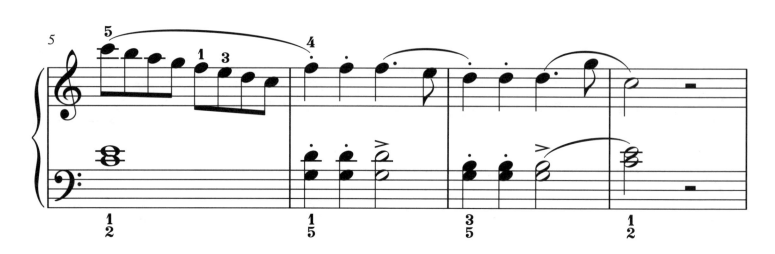

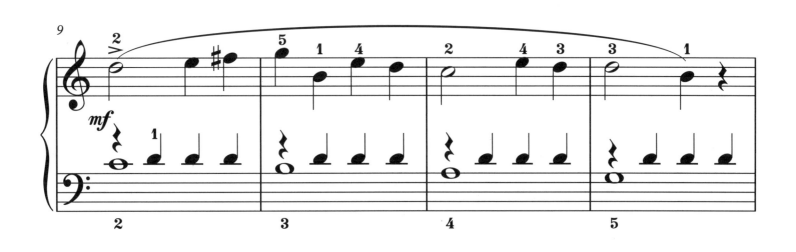

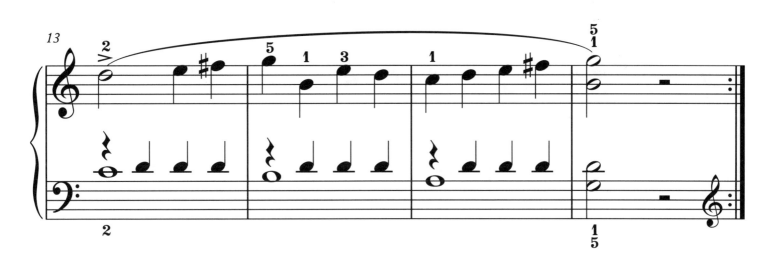

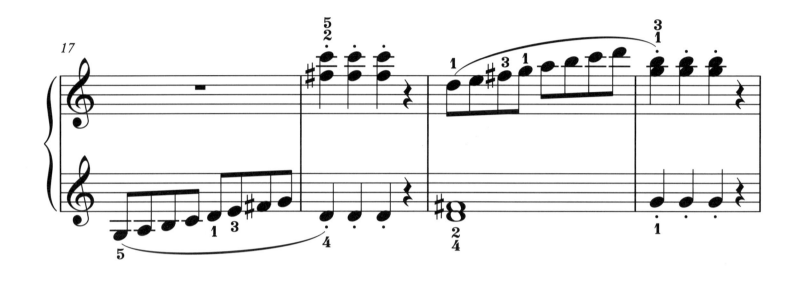

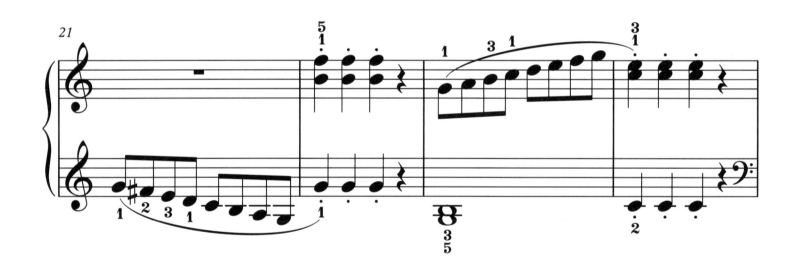

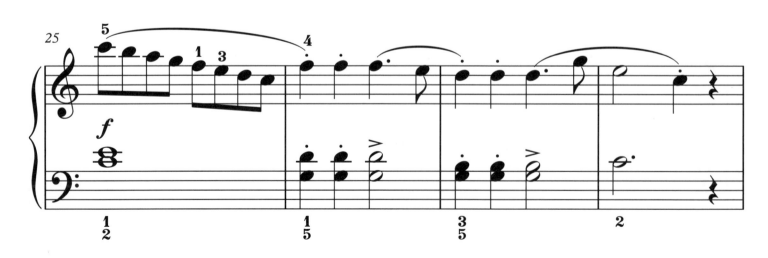

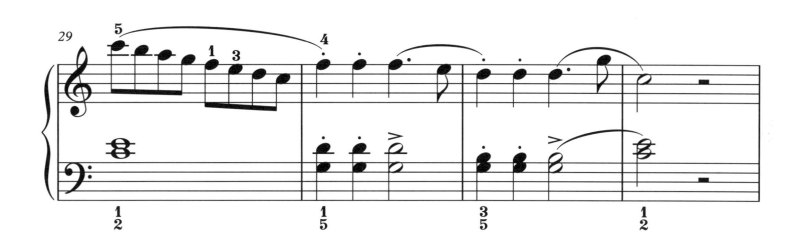

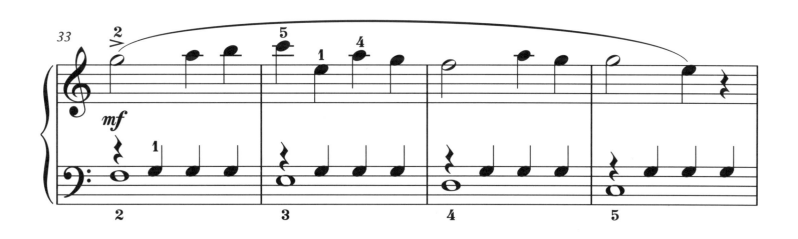

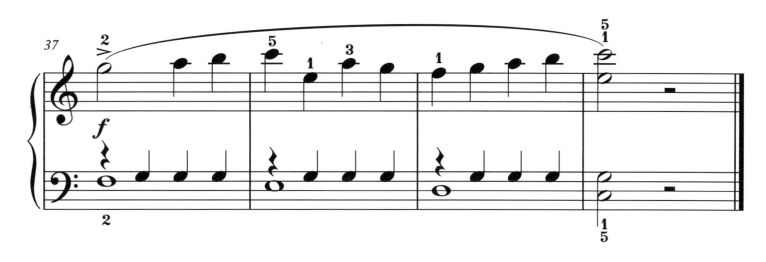

Sonatina(소나티나)

Op. 30, No. 4, 2nd mov.

Oskar Bolck
볼크

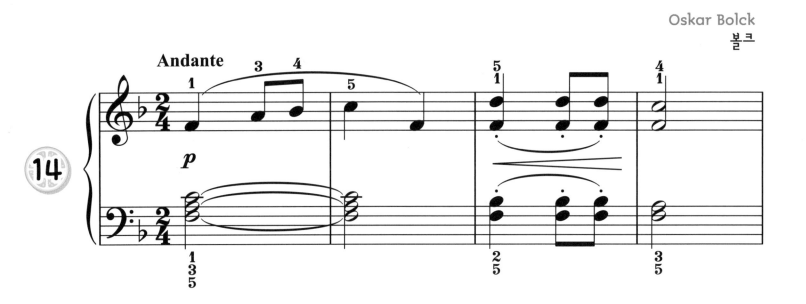

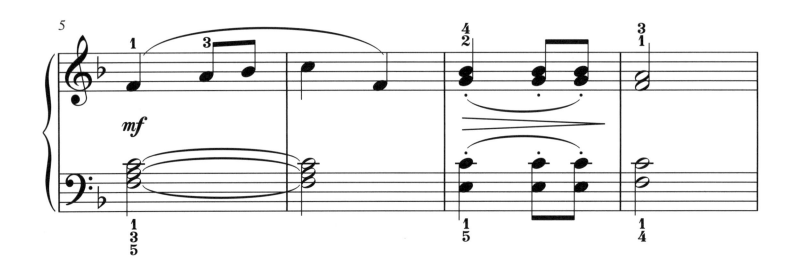

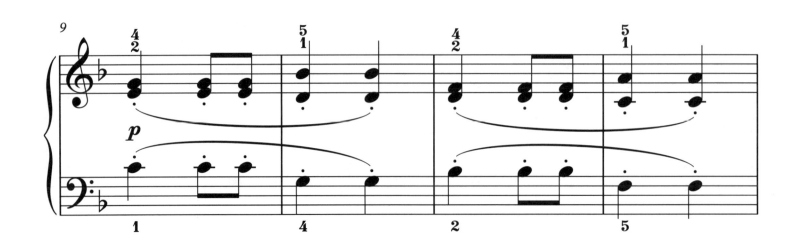

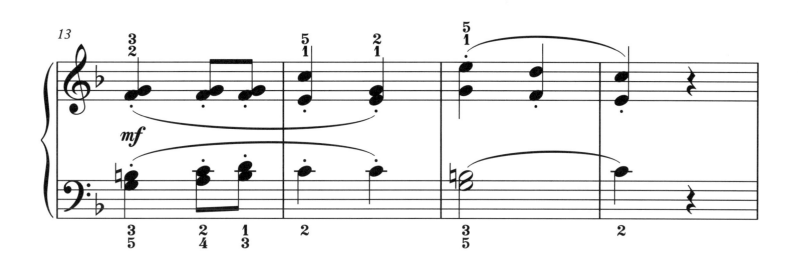

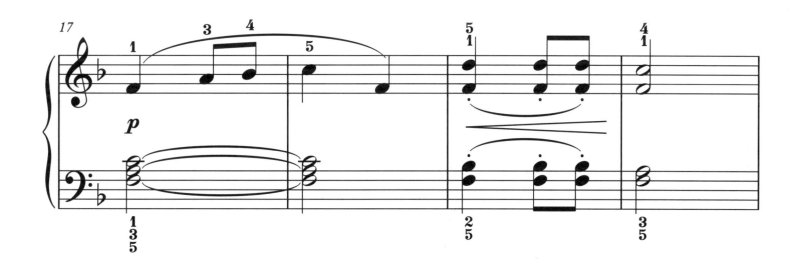

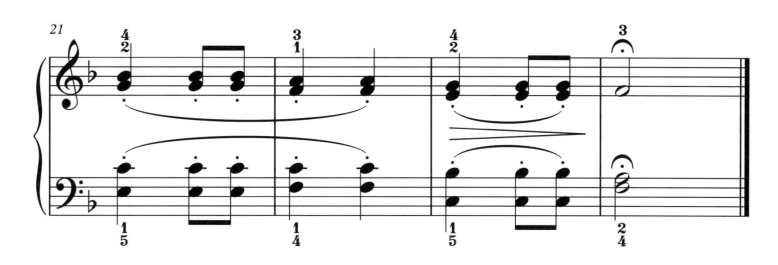

Sonatina(소나티나)

Op. 30, No. 4, 3rd mov.

Oskar Bolck
볼크

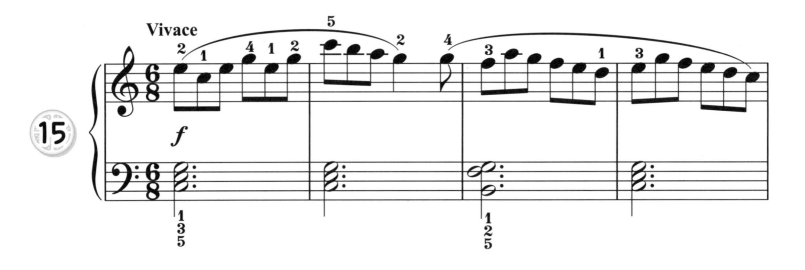

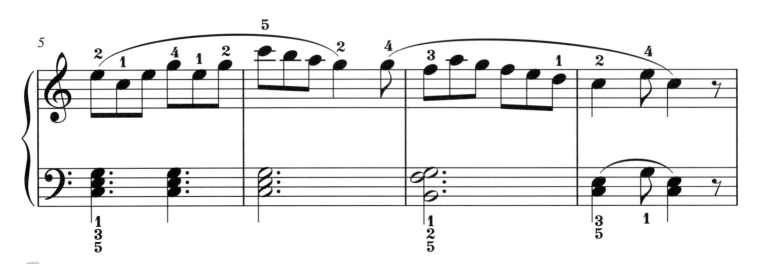

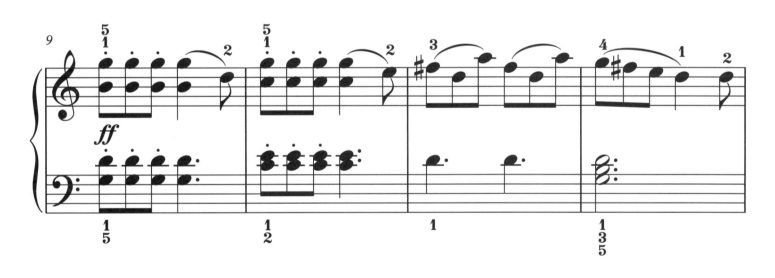

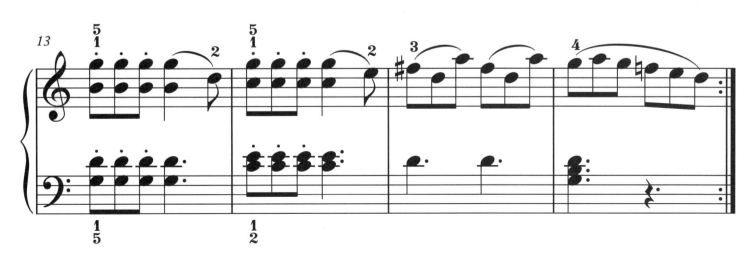

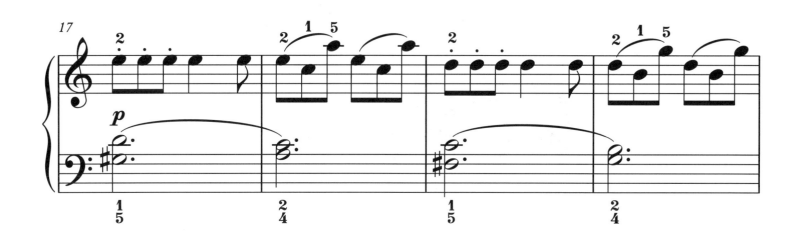

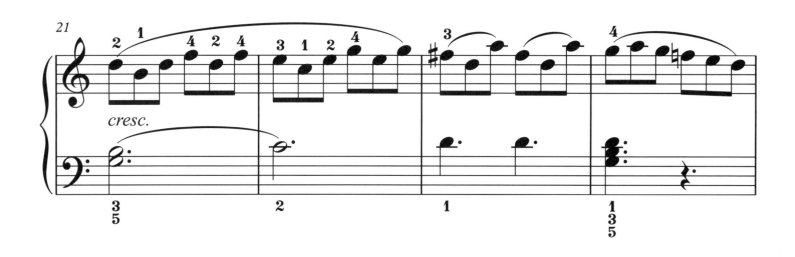

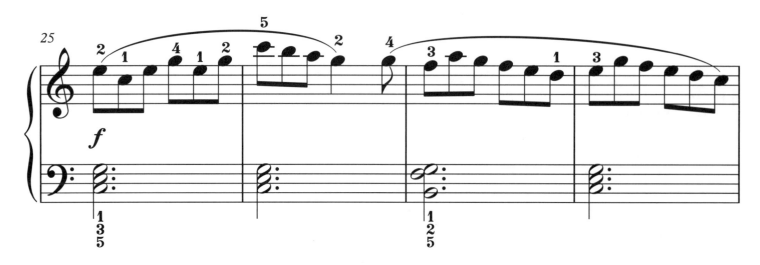

Das Echo(메아리)

May flowers Op. 61, No. 14

Theodore Oesten
외스텐

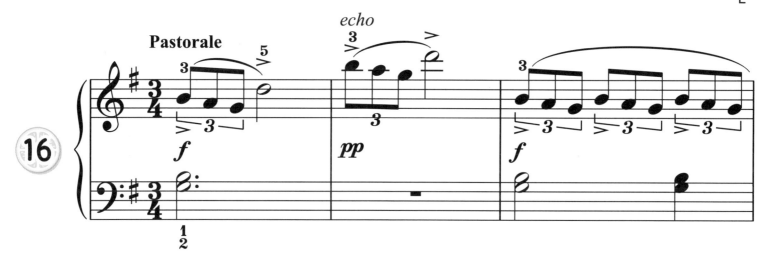

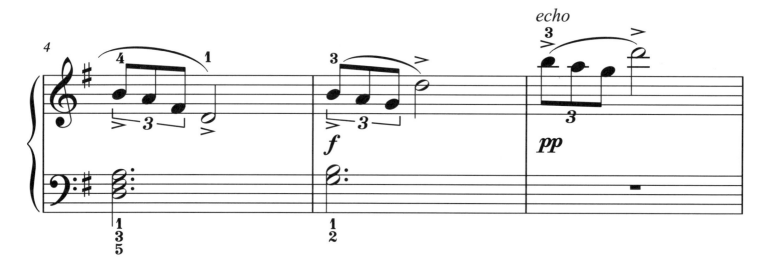

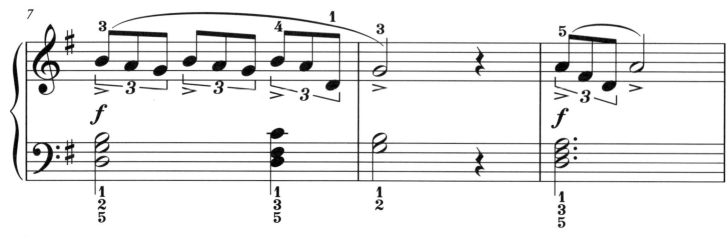

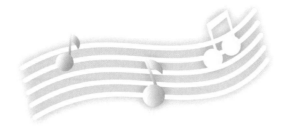

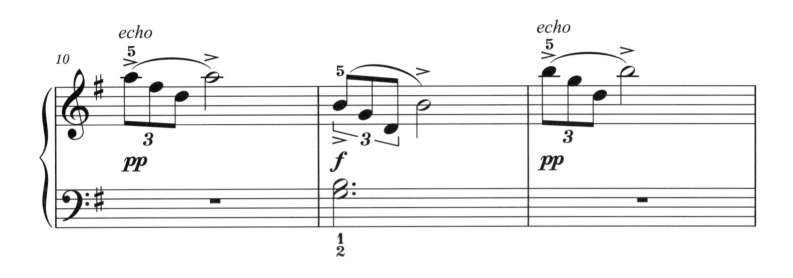

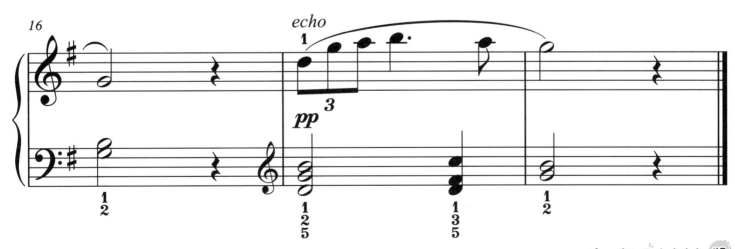

Sonatina(소나티나)

Op. 36, No. 1, 3rd mov.

Muzio Clementi
클레멘티

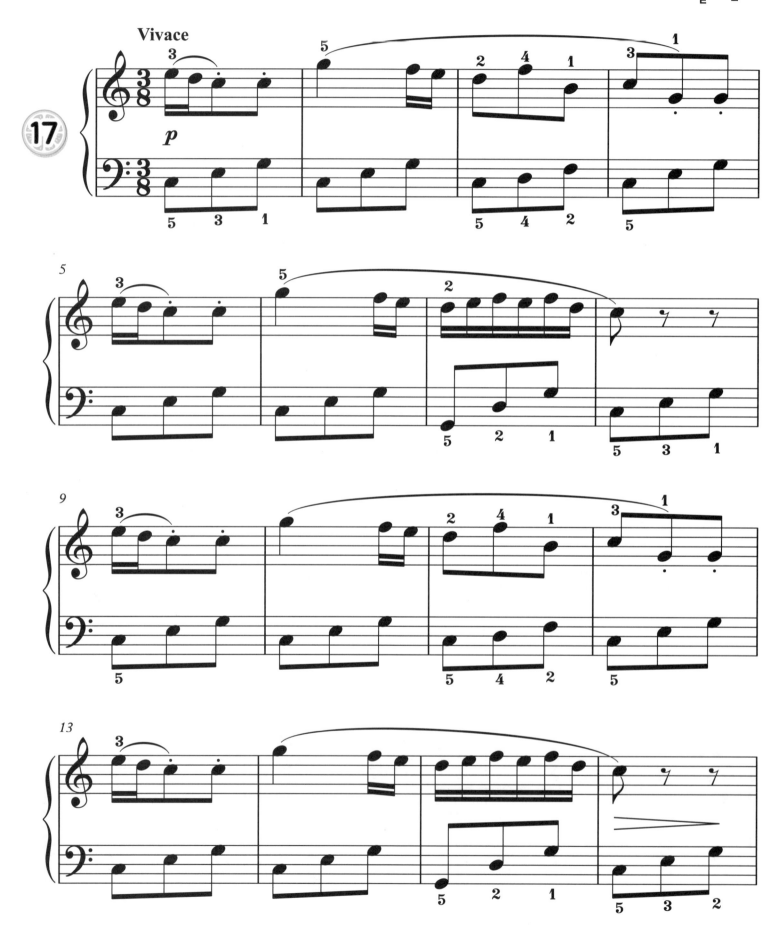

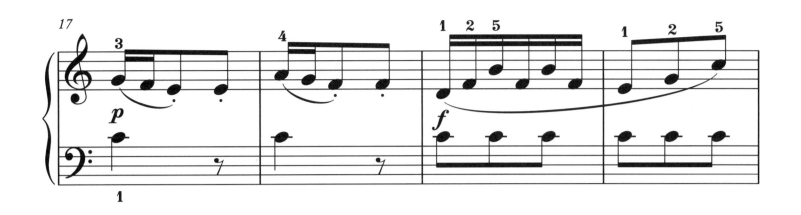

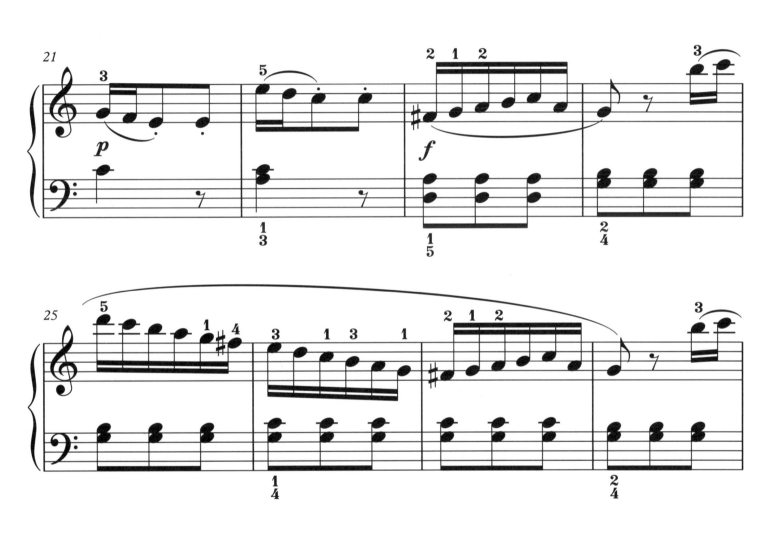

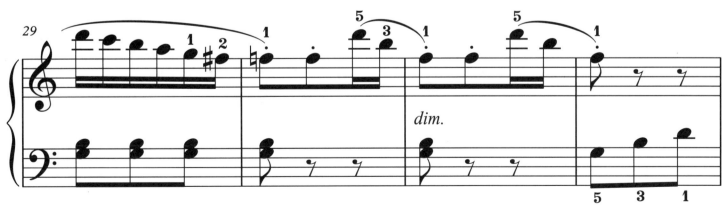

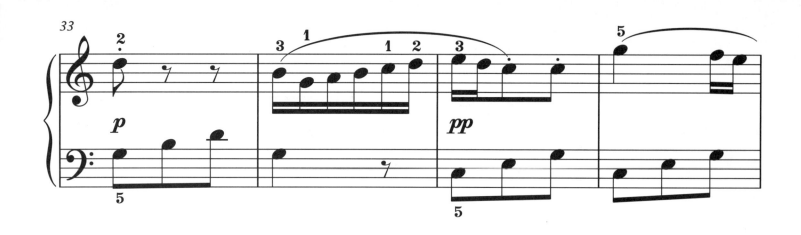

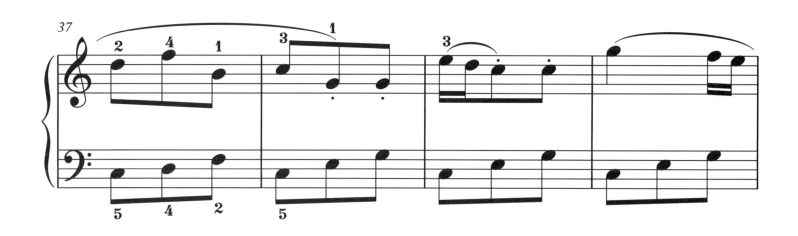

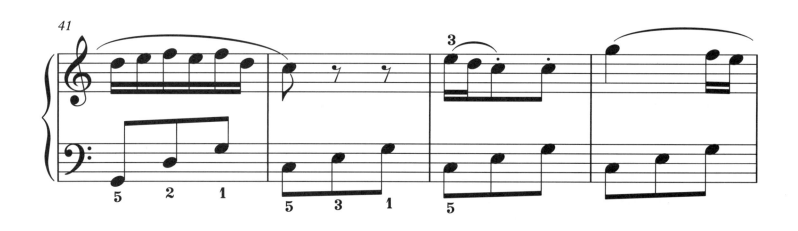

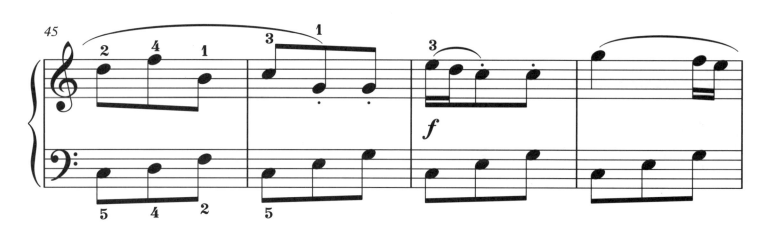

Rustic Dance(시골 춤)

Franz Hünten
휜텐

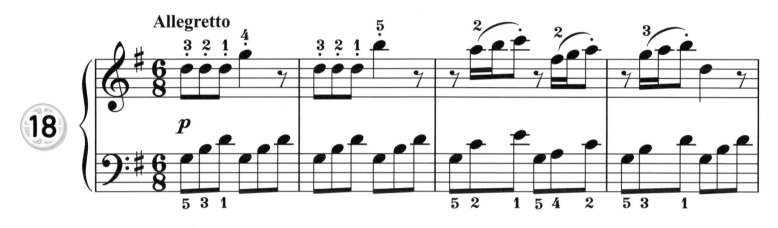

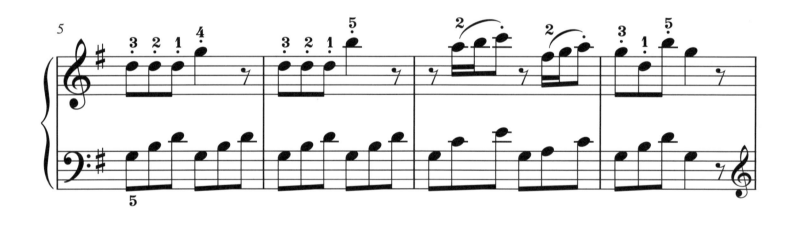

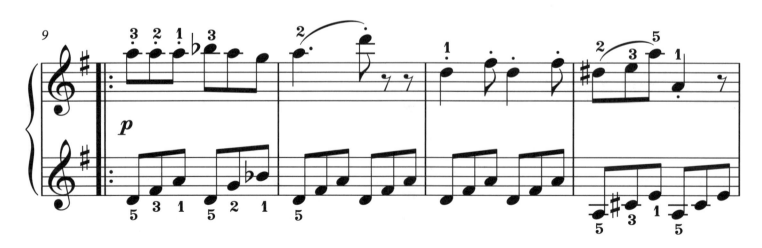

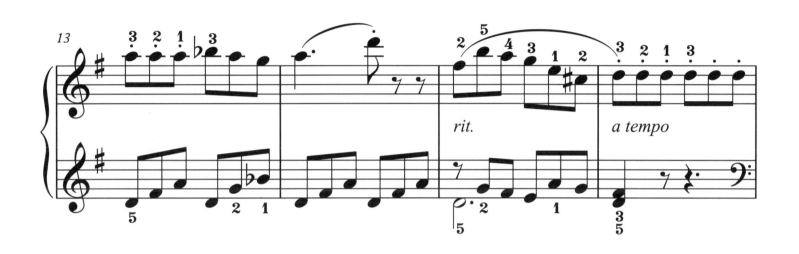

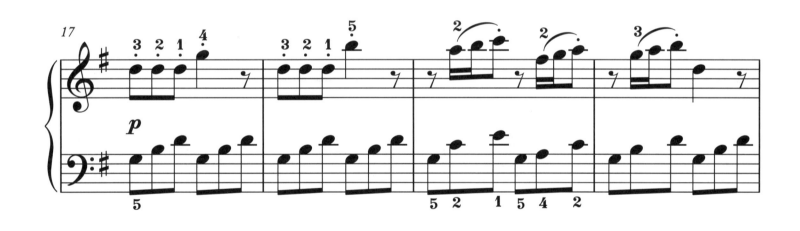

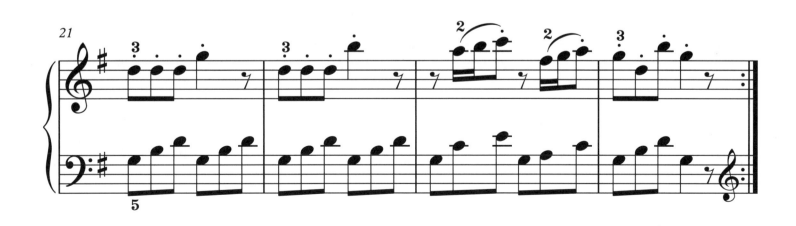

Sonatina(소나티나)

3 Sonatinas Op. 257, No. 2, 4th mov.

Théodore Lack
랙

Allegretto giocoso

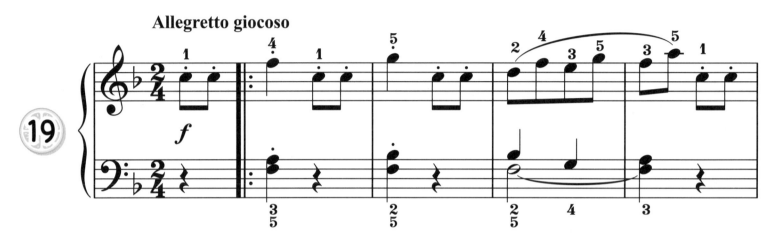

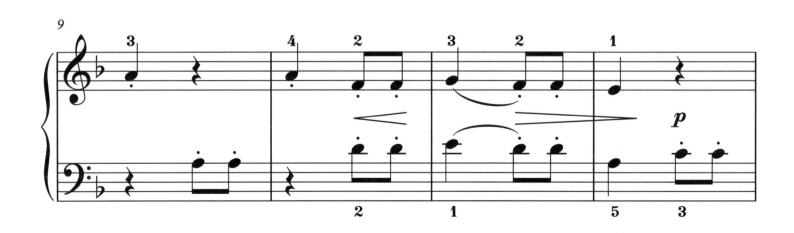

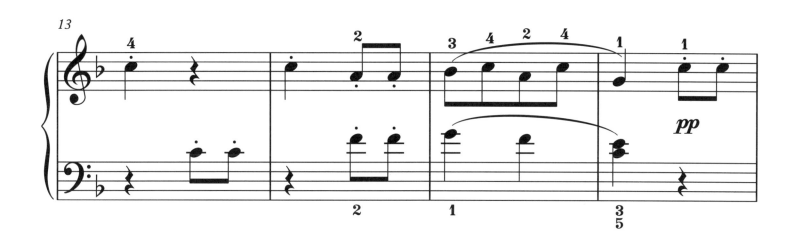

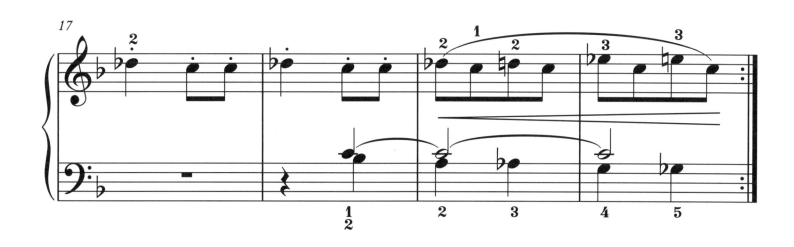

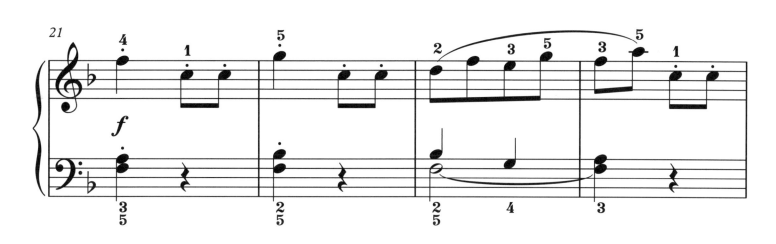

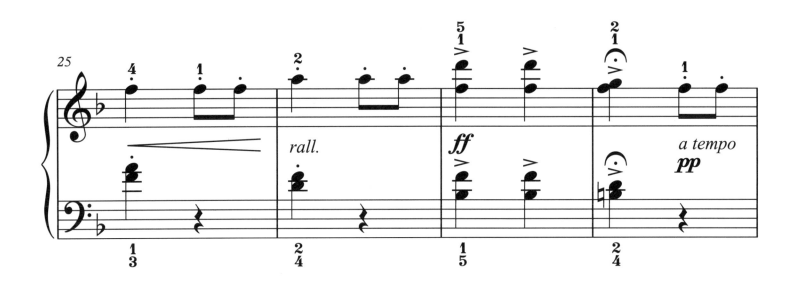

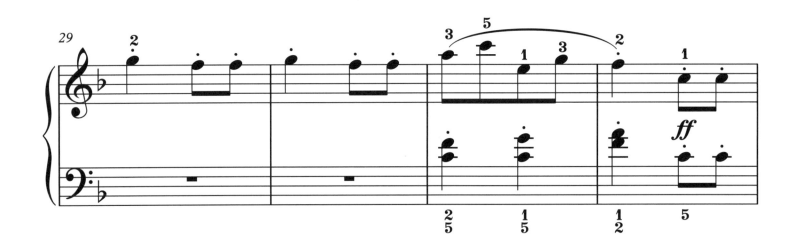

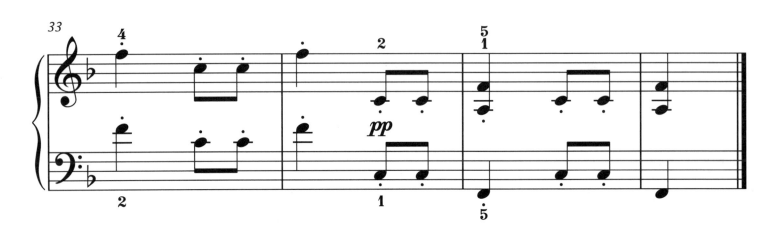

Etude(에튀드)

Op. 187, No. 35

Cornelius Gurlitt
구를리트

Sonatina(소나티나)

4 Sonatinas No. 1, 1st mov.

Thomas Attwood
애트우드

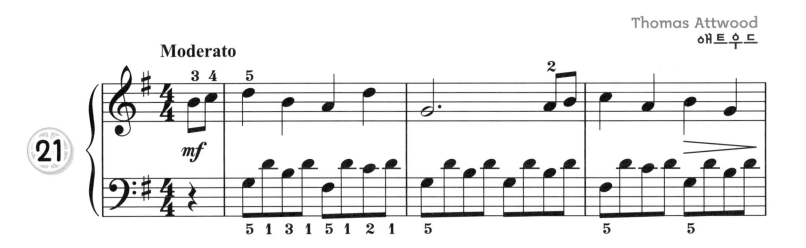

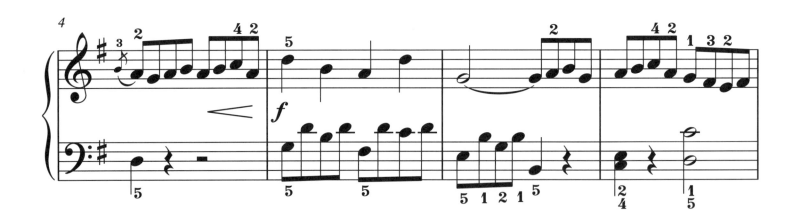

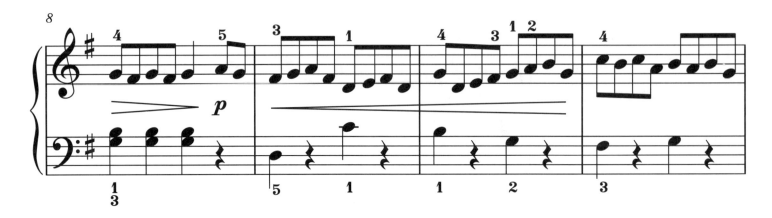

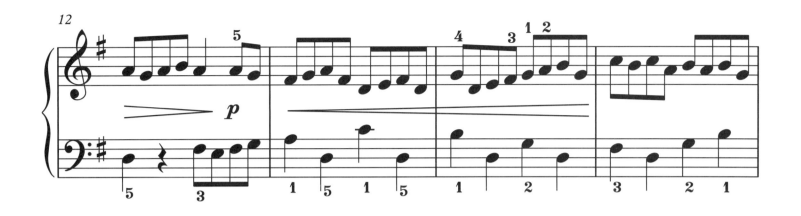

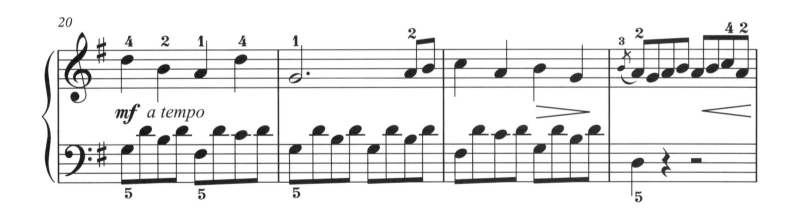

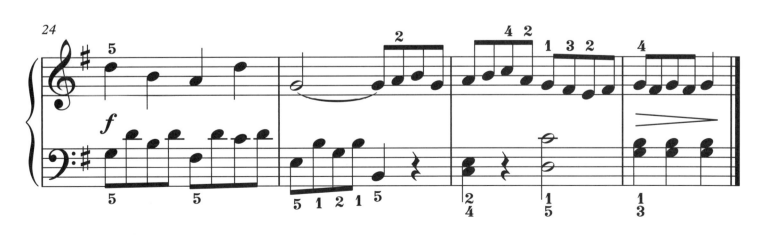

Sonatina(소나티나) in C

Albert Biehl
비엘

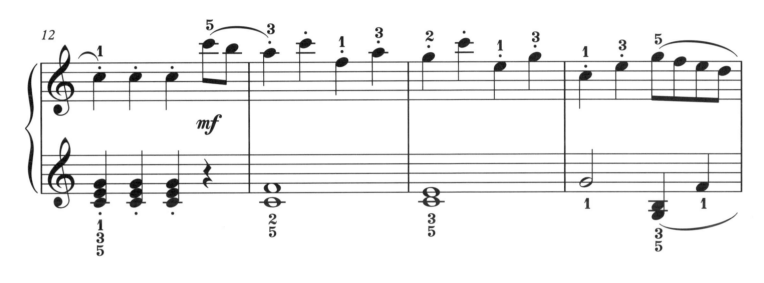

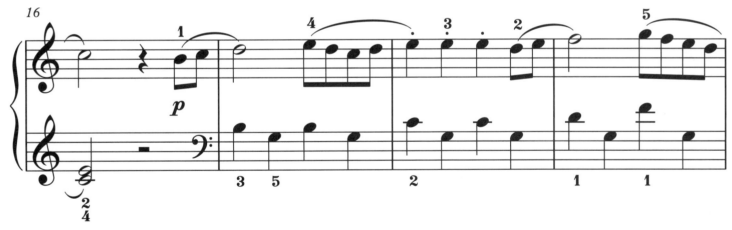

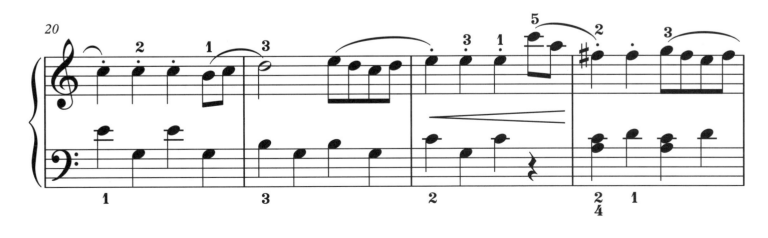

Swabian Tune(스와비안 노래)

Johann Christoph Friedrich Bach
바흐

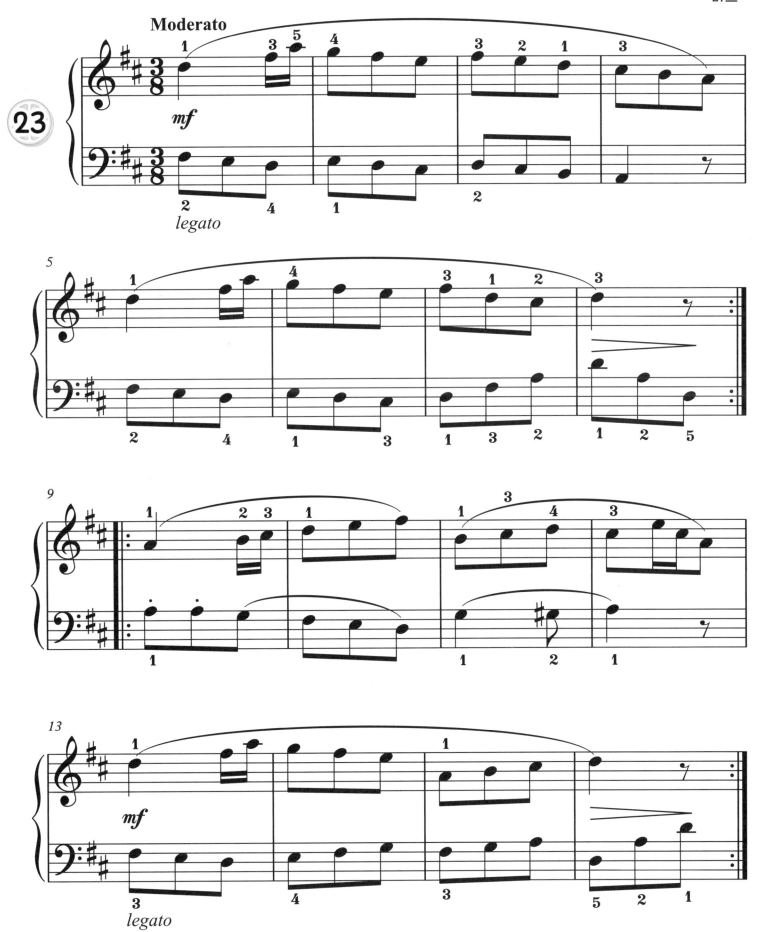

Scherzo(스케르초)

6 Sketches No. 2

Charles Villiers Stanford
스탠포드

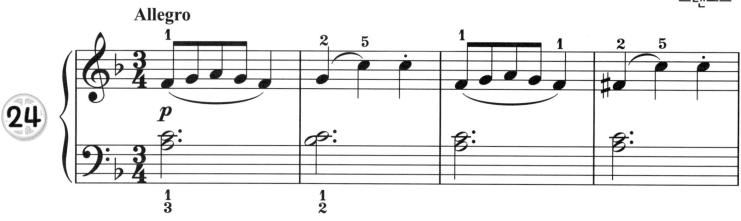

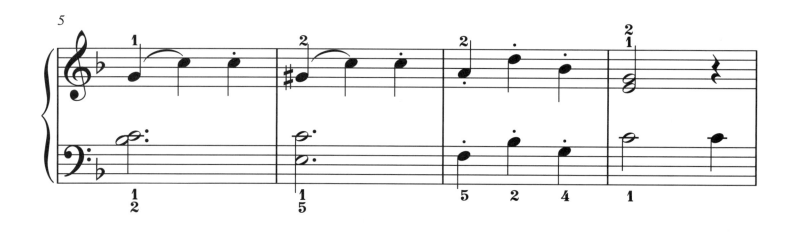

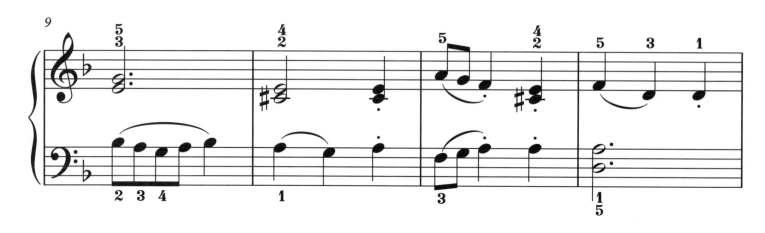

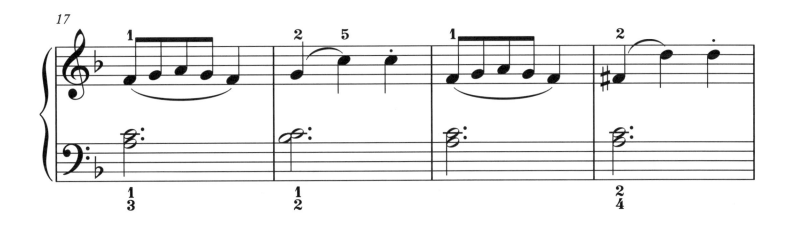

A Little Tarantelle(작은 타란텔라)

6 Miniatures No. 4

James Alexander Steele
스틸

Fairly fast

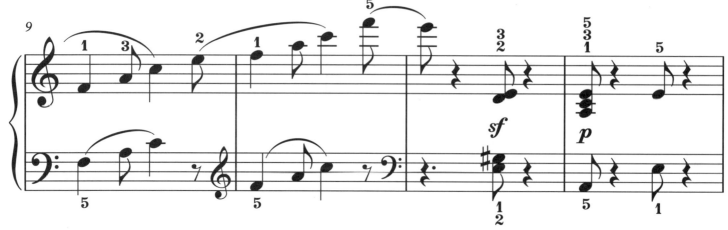

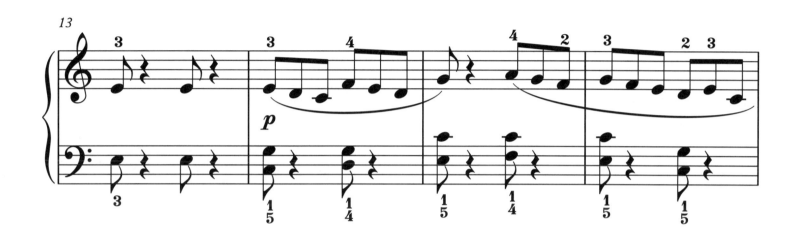

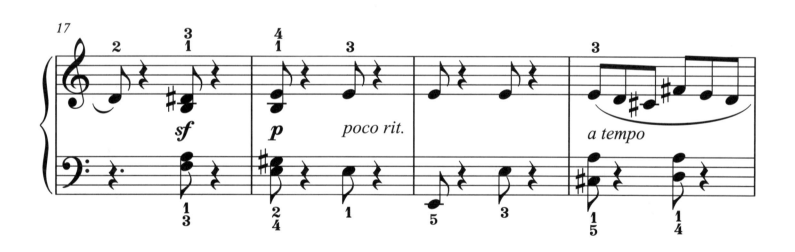

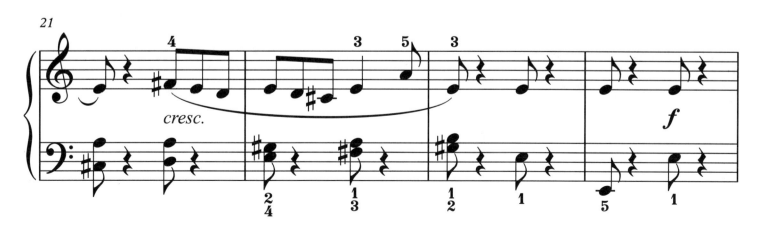

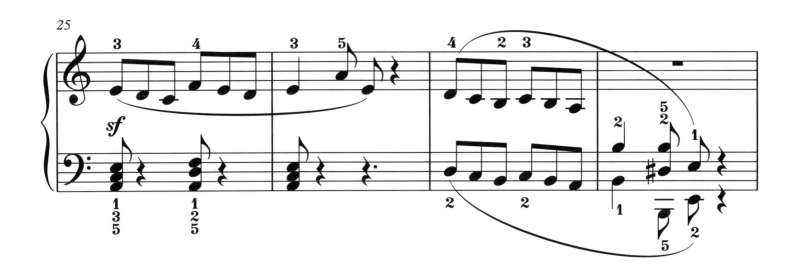

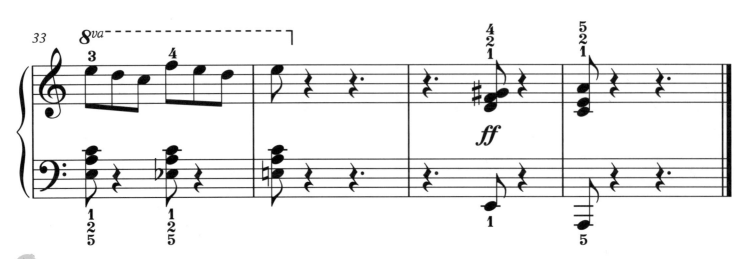

Sonatina(소나티나) in G

Op. 25

Peter Horr
호르

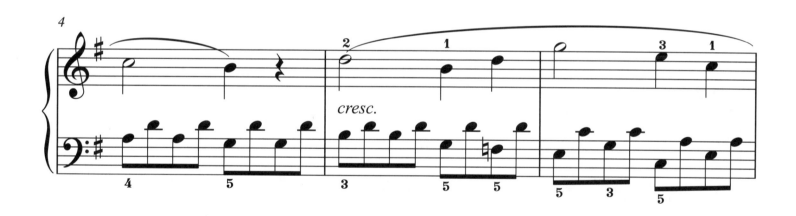

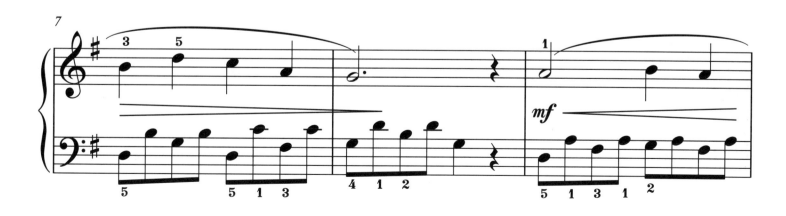

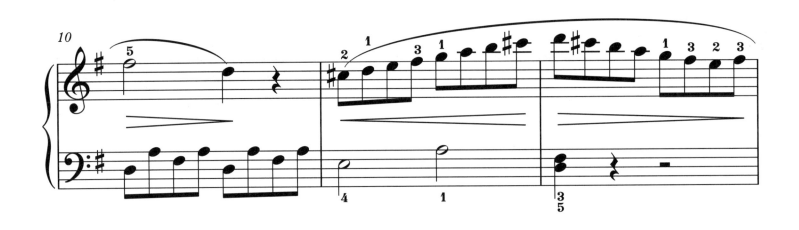

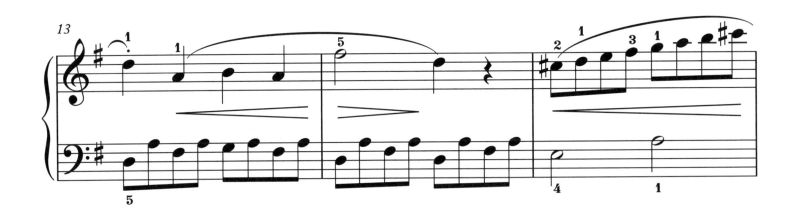

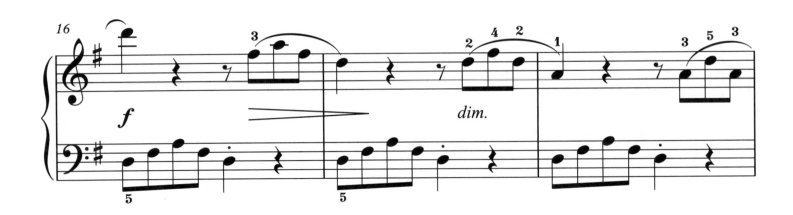

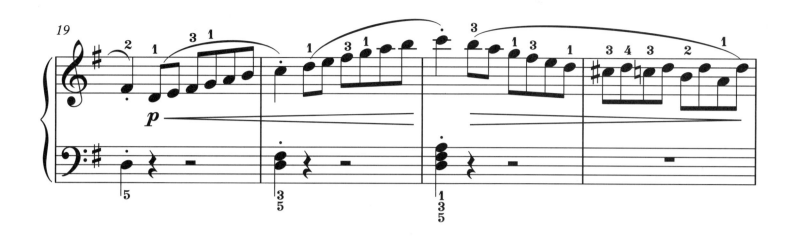

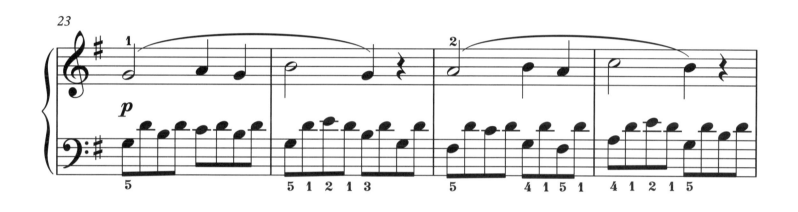

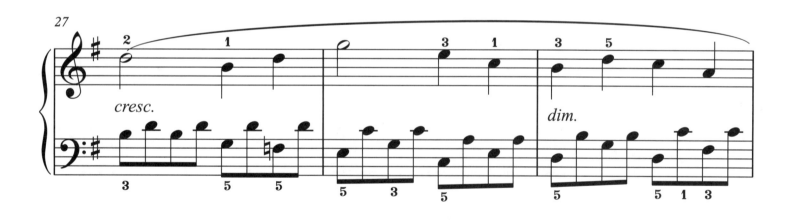

Sonatina(소나티나)

No. 4, 3rd mov. Rondo

Jean Théodore Latour
라투르

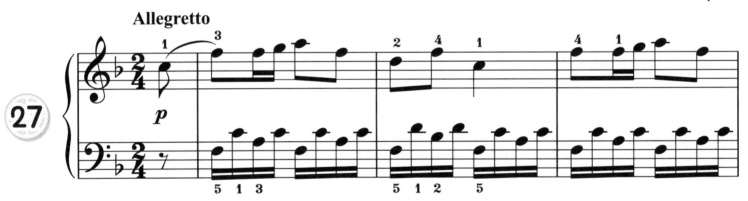

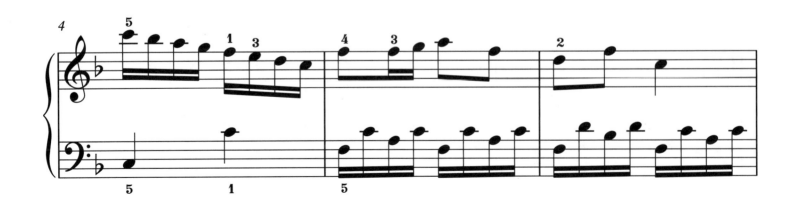

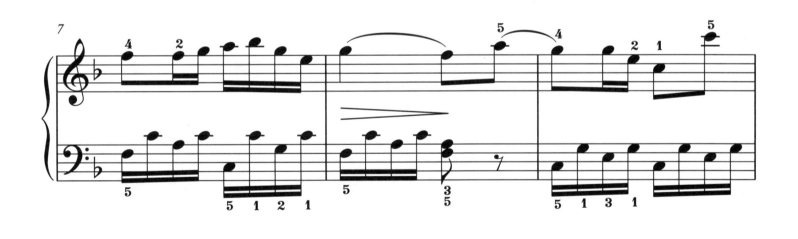

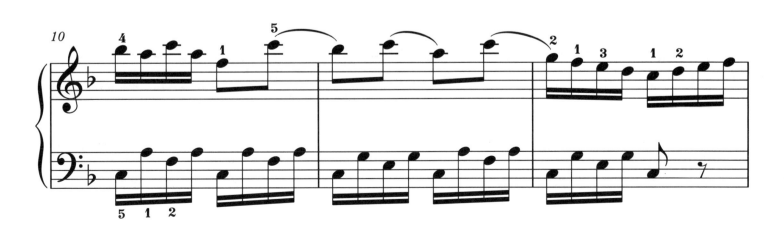

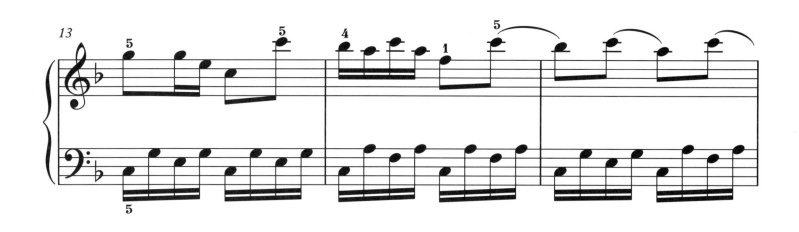

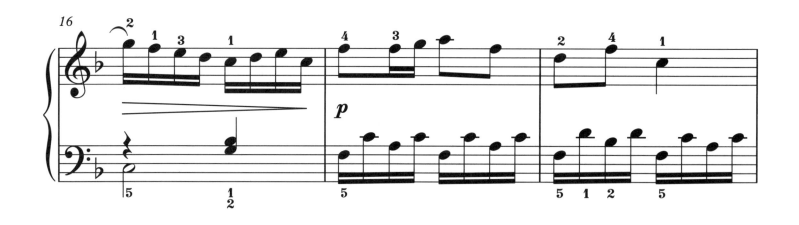

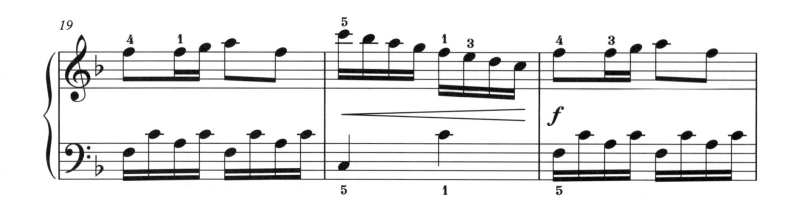

Cheerfulness(쾌활함)

May Flowers Op. 61, No. 16

Theodore Oesten
외스텐

Allegretto moderato

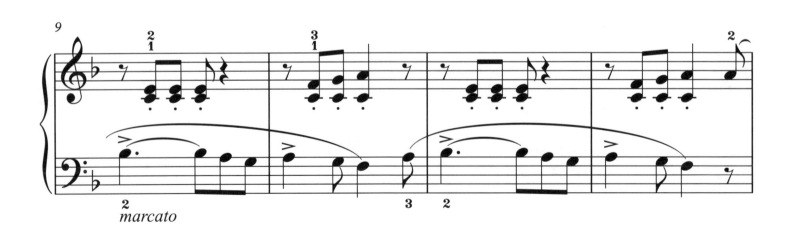

marcato

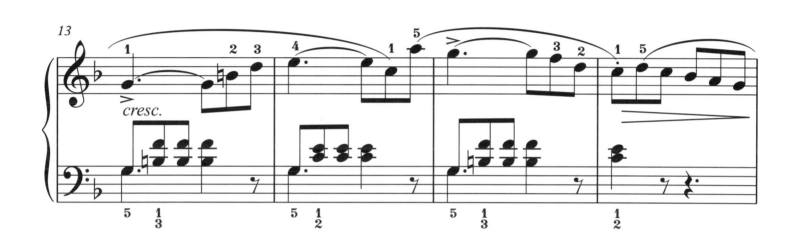

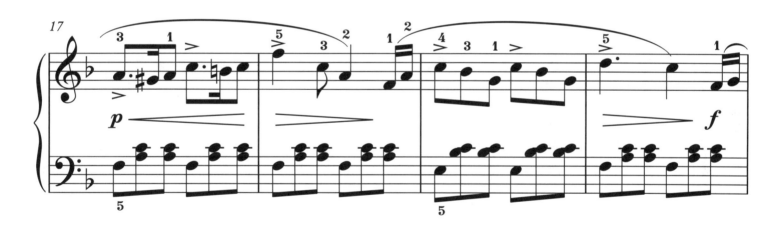

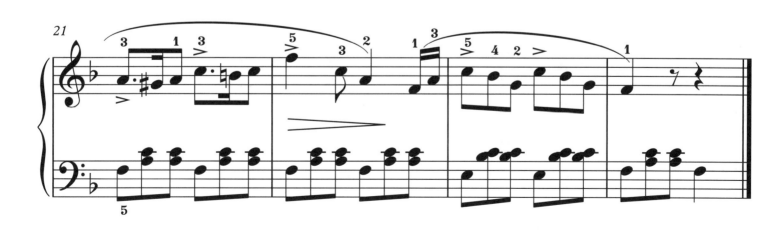

Sonatina(소나티나)

3 Sonatinas Op. 197, No. 1, 1st mov.

Paul Zilcher
질허

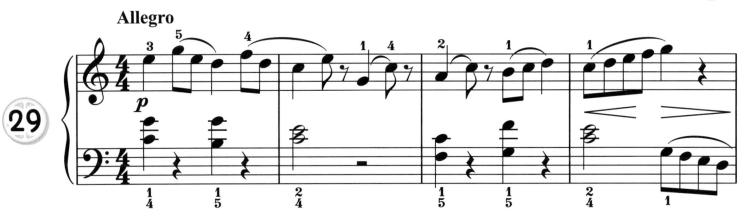

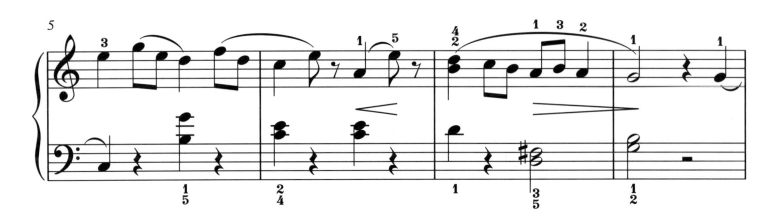

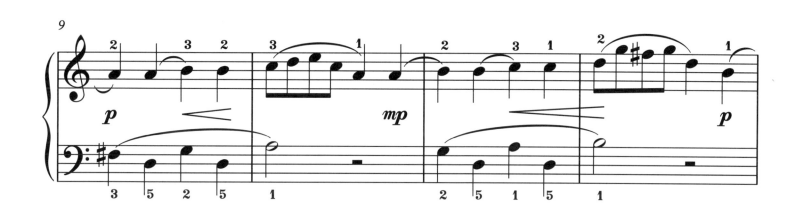

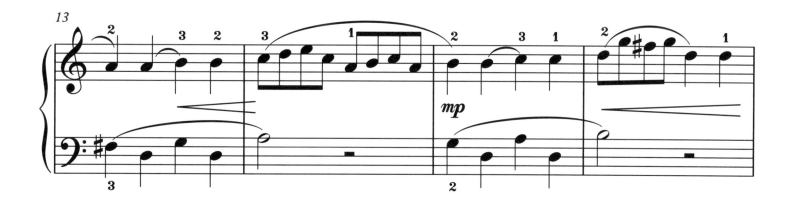

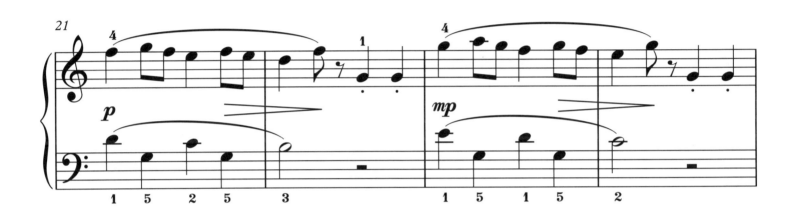

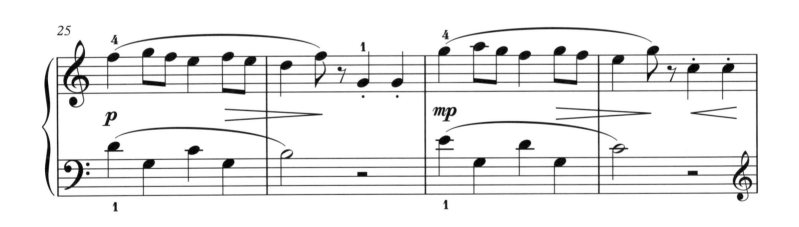

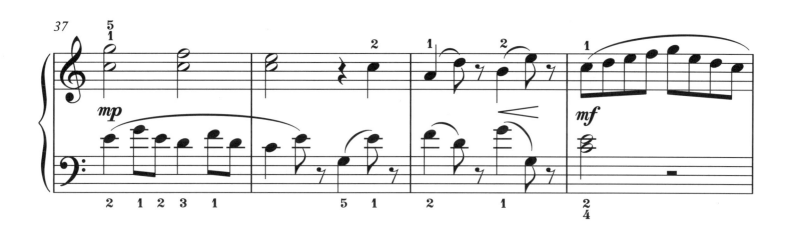

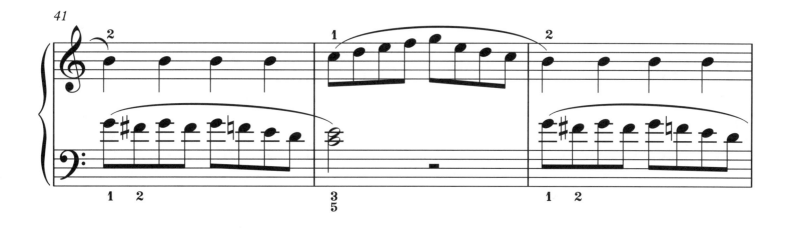

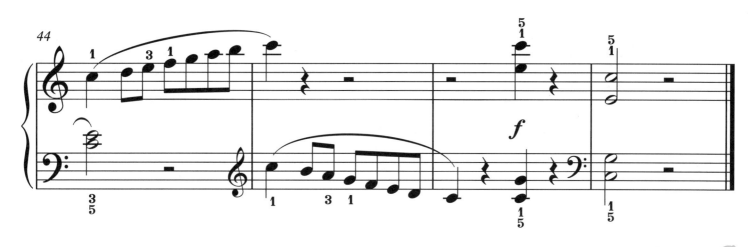

Sonatina(소나티나)

Op. 151, 3rd mov. Rondo

Henry Maylath
마이라스

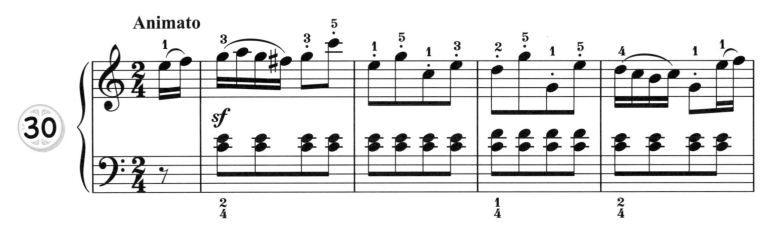

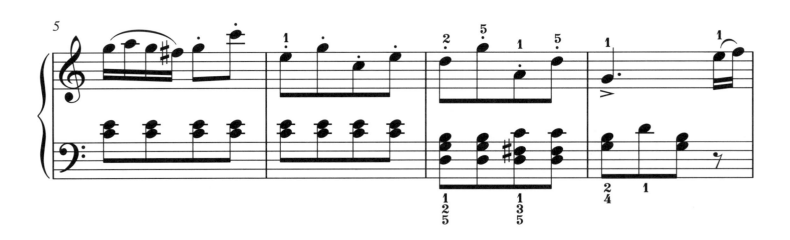

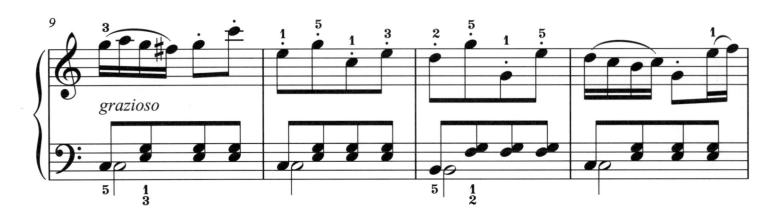

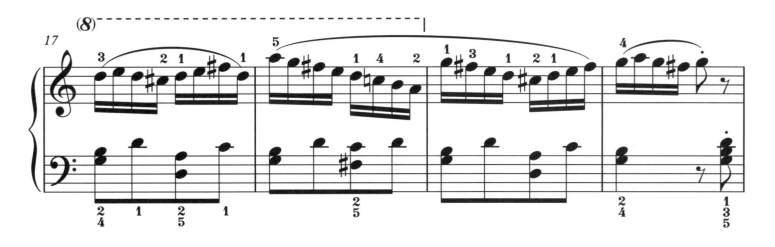

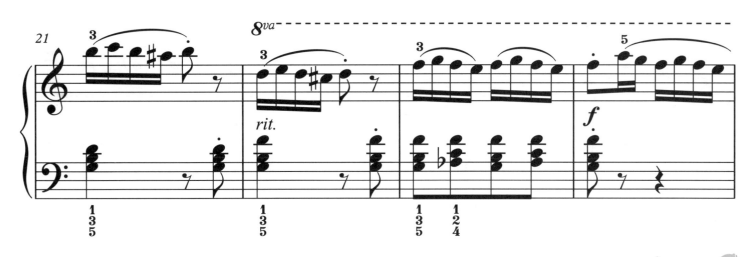

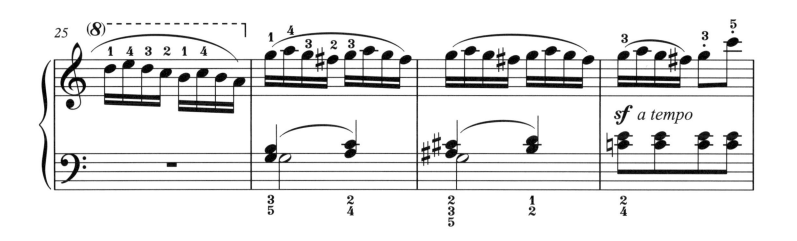

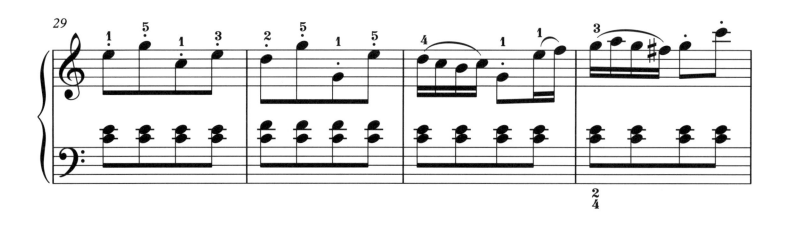

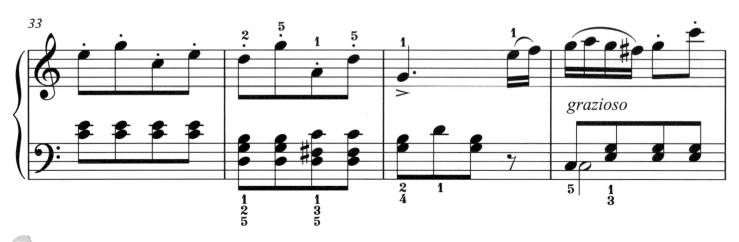

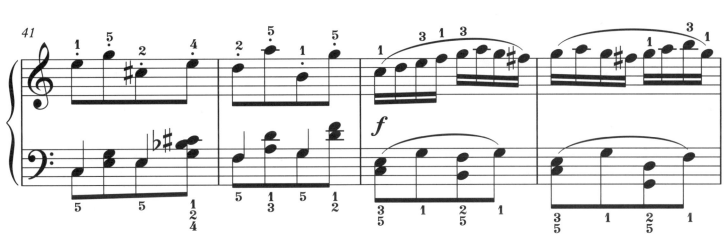

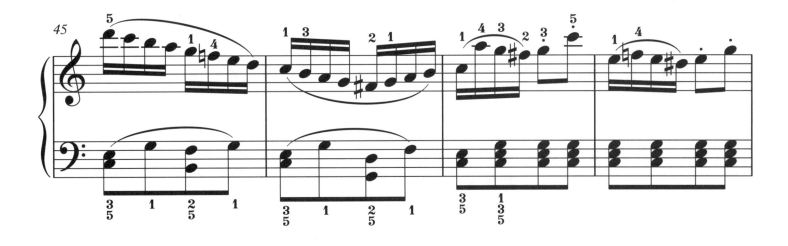

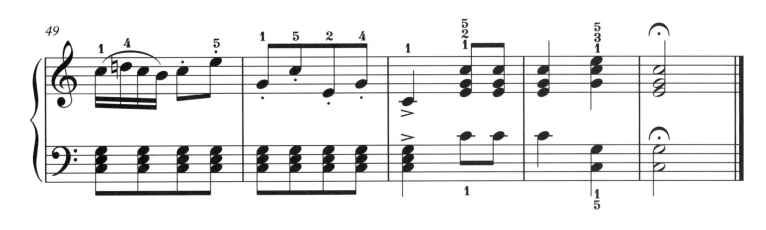

Keyboard Sonata(건반 소나타) in G

C. 15

Domenico Cimarosa

치마로사

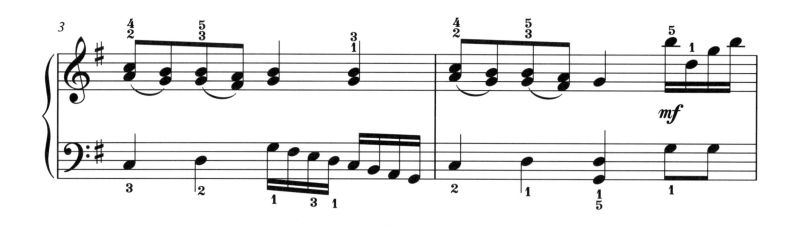

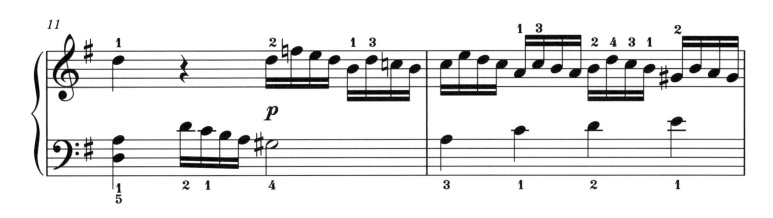

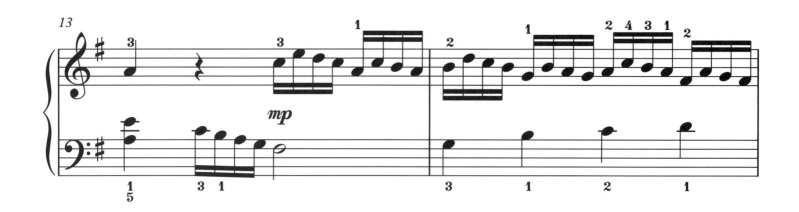

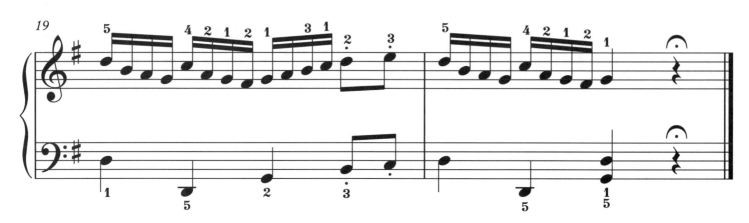

🌿 빠르기말 정리 🌿

빠르기말	읽기	뜻
Largo	라르고	느리고 폭넓게
Lento	렌토	느리고 무겁게
Adagio	아다지오	아주 느리게
Andante	안단테	느리게
Andantino	안단티노	조금 느리게
Moderato	모데라토	보통 빠르기로
Allegretto	알레그레토	조금 빠르게
Allegro	알레그로	빠르게
Vivace	비바체	빠르고 활기차게
Presto	프레스토	아주 빠르게
Animato	아니마토	생기 있게
Allegretto moderato	알레그레토 모데라토	너무 빠르지 않게
Moderato cantabile	모데라토 칸타빌레	적당한 빠르기로 노래하듯이
Fairly fast	페어리 패스트	빠르게
Allegro risoluto	알레그로 리졸루토	빠르고 강하게
Allegretto giocoso	알레그레토 지오코소	경쾌하게
Pastorale	파스토랄레	목가적으로

Profile

김다솜

명지대학교 음악학부 피아노과 졸업
명지대학교 일반대학원 영화뮤지컬과 석사 졸업, 동 대학원 박사 수료

저서

「느낌있는 OST with K-Pop 10」
「어게인, 피아노」
「듀오에스 포핸즈 연주곡집 1·2」
「건반 위의 뮤지컬」

📷 인스타그램 @pianoduo_s

The 레몬 톡 소나티나 김다솜 편저

발행인 박현수
발행처 세광음악출판사 | 서울특별시 구로구 벚꽃로 76길 27
　　　　 Tel. 02)714-0048, 50(내용 문의)　 Fax. 02)719-2656
　　　　 http://www.sekwangmall.co.kr
공급처 (주)세광아트 Tel. 02)719-2652　 Fax. 02)719-2191

|**홍괄**| 강성호
|**편집 및 교정**| 한송이, 여정민
|**디자인**| 강주연
|**제작**| 김상준
|**마케팅**| 강성호, 윤미희

등록번호 　제 3-108호(1953. 2. 12)　 **인쇄일** 　2025. 5
ISBN 　978-89-03-31507-0　93670

표지와 내지를 예쁘게 꾸며 보세요.

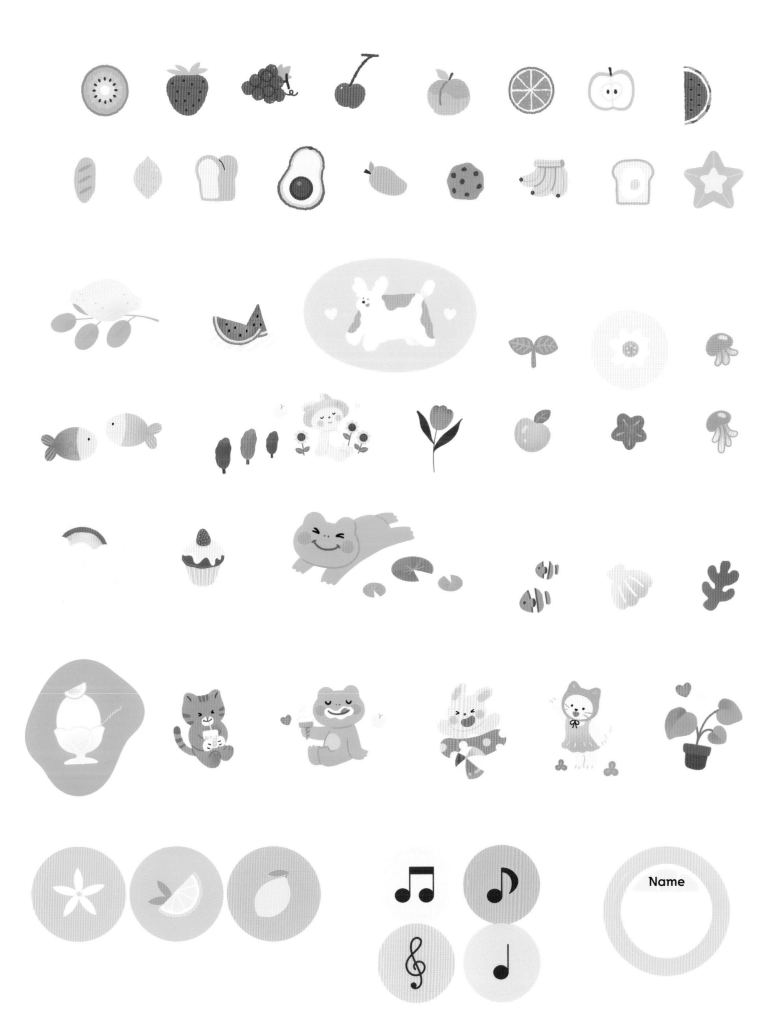

Name